대통령을 말하다
개항도시 인문학

개항도시 인문학

대통령을 말하다

유시민·조갑제·유시춘·오인환·최석호 지음

혜윰터

차 례

서론 | 대통령을 말하다

006 　비상계엄 | 개항도시 인문학 | '대통령을 말하다' 강사 | 유시민 작가 | 조갑제 기자 | 유시춘 이사장 | 오인환 장관 | 최석호 소장 | 대한민국 대통령

제1장 | 대통령 노무현을 말하다

021 　**인트로** - 최석호 소장

021 　**환영사** - 박남춘 전 인천광역시장

026 　**강연** - 유시민 작가, 대통령 노무현을 말하다
　　　노무현 없는 노무현 시대 | 검찰개혁과 언론개혁 | 한미 FTA | 양극화 | 신행정수도 | 대연정 | 평화통일 | 대선 예측 | 소프트파워

071 　**클로징** - 최석호 소장

제2장 | 대통령 박정희를 말하다

075 　**인트로** - 최석호 소장

076 　**강연** - 조갑제 기자, 대통령 박정희를 말하다
　　　최악 조건, 최소 희생, 최단 기간, 최대 업적 | 한·일 국교 재개 | 1·21사태 | 중화학공업 건설 | 10월 유신 | 석유파동 | 10·26 시해 사건 | 윤석열 탄핵과 조기 선거 | 아시아 대표 정치지도자 | 짜라투스트라는 이렇게 말했다

107 　**클로징** - 최석호 소장

제3장 | 대통령 김대중을 말하다

111　**인트로** – 최석호 소장

114　**강연 - 유시춘 이사장, 대통령 김대중을 말하다**
민주주의 원년 6월 항쟁 | 양성적 인간 | 민주적 시장경제 | 국가인권위원회와 여성부 신설 | 햇볕정책 | 복지국가 | 문화 대통령 | 기초생활보장 | 가족법 개정 | 페미니스트 | 정보사회 | 경제위기 극복 | 국제주의자

150　**강연 소감** - 홍인성 전 인천중구청장

151　**클로징** – 최석호 소장

제4장 | 대통령 김영삼을 말하다

155　**인트로** – 최석호 소장

155　**환영사** – 김찬진 인천동구청장

158　**강연 - 오인환 장관, 대통령 김영삼을 말하다**
최장수 공보처장관 | 민주화 압축 성장 | 큰 정치인 김영삼 | 40대 기수론 | 3당 합당 | 군부 개혁 | 금융실명제 | 정보화시대 | 세계화 | 김영삼 재평가

185　**클로징** – 최석호 소장

제5장 | 대한민국 대통령을 말하다

189　**인트로** – 최석호 소장

189　**강연 - 최석호 소장, 대한민국 대통령을 말하다**
한국 사람이 좋아하는 여러 가지 | 한국 사람이 좋아하는 사람 | 한국 사람이 좋아하는 대통령 | 노무현 대통령과 대연정 제안 | 박정희 대통령과 10월 유신 | 김대중 대통령과 목포의 전쟁 | 김영삼 신민당 총재 | 대통령 업적평가 | 한국 사람이 원하는 대통령

226　**클로징** – 최석호 소장

서론
대통령을 말하다

최석호 소장

대한민국 역대 대통령 모습. 왼쪽부터 제16대 노무현 대통령, 제15대 김대중 대통령, 제14대 김영삼 대통령, 제5대~제9대 박정희 대통령. (ⓒ 국가기록원)

비상계엄

2024년 12월 3일 윤석열은 비상계엄을 선포했습니다. 바로 이어서 계엄군이 국회로 진입했습니다. 시민들은 계엄군을 밀어냈습니다. 여·야 국회의원 190명은 비상계엄해제요구안을 가결했습니다. 구군부와 신군부 군부독재 이래 처음으로 '대통령'과 '민주주의'가 서로 다른 방향으로 달려가는 순간이었습니다. 저는 뭐라도 해야 된다고 생각했습니다. 그래서 개항도시 인문학 '대통령을 말하다'를 기획했습니다.

개항도시 인문학 '대통령을 말하다' 현수막.

개항도시 인문학

2022년 6월 1일 복합문화공간 개항도시에서 '사람을 말하다'라는 주제로 개항도시 인문학을 처음 시작했습니다. 개항도시 론칭을 기념하는 강연쇼입니다. 가을에는 시즌2 '한국을 말하다'를 진행했습니다. 역사와 문화가 빛나는 동인천 제물포를 살기 좋은 도시로 만드는 데 일조하는 명품 인문학 강연쇼로 포지셔닝했습니다. 2023년 3월부터 7월까지 시즌3 '희망을 말하다'를 열었습니다. 코로나 팬데믹으로 지친 시민들에게 작은 위로를 드리고자 했습니다.

2023년 가을 개항도시 인문학 시즌4 '예술을 말하다'는 삶을 풍요롭게 하는 특강과 공연으로 꾸몄습니다. 동서양 음악과 그림을 새롭게 듣고 보았습니다. 2024년 봄 개항도시 인문학 시즌5 주제를 '미래를 말하다'로 잡았습니다. '코로나 팬데믹에서 벗어나자. 미래로 나아가자'는 메시지를 담았습니다. 시즌6 '여가餘暇를 말하다'에서는 코로나 팬데믹 이후 우리 삶과 여가에 대한 이야기를 했습니다.

개항도시 인문학 시즌3 제6강 식객 허영만 "잘 먹고 잘 살자"

'대통령을 말하다' 강사

2025년 봄 개항도시 인문학 시즌7 주제는 '대통령을 말하다'입니다. 대한민국은 민주공화국입니다. 대한민국 주권은 국민에게 있고, 모든 권력은 국민으로부터 나옵니다.● 그런데도 윤석열은 권력을 자가발전하기 위해 불법 비상계엄을 선포했습니다. 국민은 여의도를 가득 메웠고, 국회의원은 담장을 넘어 국회로 모였고, 군은 미온적으로 작전을 수행함으로써 불법 명령에 저항했습니다. 개항도시 인문학을 열어서 대한민국 역대 대통령이 한 일을 되새깁니다. 대한민국 대통령은 어떤 사람이어야 할지를 다시 생각합니다.

먼저 강연의 주제가 될 대통령 선정 기준을 정했습니다. 보수와 진보

● 헌법 제1장 제1조 제1항 "대한민국은 민주공화국이다." 제2항 "대한민국의 주권은 국민에게 있고, 모든 권력은 국민으로부터 나온다."

《대통령을 말하다》 저자. 왼쪽부터 유시민 작가, 조갑제 기자, 유시춘 이사장, 오인환 장관, 최석호 소장.

어느 한쪽으로 치우치지 않고 균형을 잘 잡기로 했습니다. 진보와 보수 각각 두 명씩 선정했습니다. 생존 대통령은 제외하기로 했습니다. 역사적 평가를 어느 정도는 받은 대통령을 선정하려고 했습니다. 그래서 논란이 있거나 임기가 지나치게 짧은 대통령은 제외했습니다. 국민으로부터 지지를 받는 대통령을 뽑기로 했습니다. 그래야 과거 대통령의 치적으로부터 오늘 대통령의 국정수행에 교훈을 줄 수 있기 때문입니다. 최종적으로 노무현·박정희·김대중·김영삼 등 네 분 대통령을 가려 뽑았습니다.

다음으로 강사 선정 기준을 정했습니다. 대통령에 대해서 잘 아는 사람으로 강사를 선정했습니다. 대통령 임기 중에 측근으로 모신 분이라면 대통령을 잘 알 겁니다. 대통령 자서전이나 평전을 쓴 사람도 대통령을 잘 알 겁니다. 유시민·조갑제·유시춘·오인환 등을 강사로 선정했습니다.

최석호 소장은 개항도시 인문학 '대통령을 말하다'를 기획했습니다. 대통령 강연을 진행할 때마다 해당 대통령의 국정수행에 대한 설문조사를 했습니다. 기획에 대해서 들어보고 설문조사 결과를 공유하기 위해 최석호 소장을 다섯 번째 강사로 선정했습니다.

유시민 작가

　개항도시 인문학 '대통령을 말하다' 첫 번째 강사는 유시민 작가입니다. 그는 1959년 경주에서 태어났습니다. 1979년 서울대 경제학과 학부를 졸업하고, 1997년 마인츠요하네스구텐베르크대학교 대학원에서 경제학 석사 학위를 취득했습니다. 2003년 보궐선거로 제16대 국회의원에 당선되고, 2004년 열린우리당 소속으로 제17대 국회의원에 재선됐습니다. 2006년 보건복지부 장관을 역임했습니다. 2013년 정계 은퇴를 선언하고 2018년 정의당에서도 탈당했습니다.

　밀리언셀러를 기록한 《거꾸로 읽는 세계사》를 비롯하여 《유시민의 경제학 카페》 《나의 한국현대사》 《그의 운명에 대한 아주 개인적인 생각》 등 많은 저서를 출간했습니다. 노무현 대통령 자필 및 구술 기록을 바탕으로 다시 쓴 자서전 《운명이다》를 엮기도 했습니다.

　내란 혐의로 구속기소된 노상원 정보사령관의 수첩에는 유시민이 쓰여 있습니다. 왜 유시민 이사장의 이름이 수첩에 올랐는지 해석의 여지도 많고 따져봐야 할 것도 많습니다. 그렇지만 누가 뭐래도 유시민은 우

유시민 작가 저서 《거꾸로 읽는 세계사》 《유시민의 경제학 카페》 《나의 한국현대사》 《운명이다: 노무현 자서전》

리 시대 최고의 지성입니다. 전두환 대통령 임기 중에는 서울대 민간인 폭행 사건에 연루되어 구속됩니다. 김대중 대통령 임기 후반에는 대통령의 하야를 촉구합니다. 그런 그가 유독 따른 대통령이 있습니다. 그는 노무현 대통령 임기 중 세 번째 보건복지부 장관을 역임합니다. 노무현 대통령 자서전을 쓰고 노무현재단 이사장을 맡습니다. 유시민 작가가 대통령 노무현을 말합니다.

조갑제 기자

개항도시 인문학 시즌7 '대통령을 말하다' 두 번째 강사는 조갑제 기잡니다. 1971년 부산 국제신보 수습기자로 입사한 지 3년 만인 1974년 중금속오염에 대한 추적 보도로 한국기자상을 수상했습니다. 1983년 조선일보로 옮긴 뒤 월간조선 편집장으로 활동하던 1994년에는 북한 인권문제에 대한 보도로 관훈언론상을 수상했습니다. 월간조선 대표이사를 끝으로 은퇴한 뒤 현재는 조갑제닷컴 대표로 활동하고 있습니다.

《박정희의 결정적 순간들: 62년 생애의 62개 장면》과 박정희 대통령 전집《박정희》13권,《프리마돈나의 추락: 한국인은 모르는 맥아더의 두 얼굴》《기다린 날이 왔어요!: 엄마들이 눈물로 지켜낸 가수 황영웅 이야기》등 많은 저서를 출간했습니다.

1976년 박정희 대통령은 연두 기자회견을 열고 포항 앞바다 원유에 대해서 발표했습니다. 조갑제 기자는 〈한국의 석유개발: 비공개 자료의 분석에 의한 전망과 제언〉이라는 소책자를 찍어서 배포했습니다. 포항 석유는 경제성이 없거나, 있더라도 매장량이 적을 것이라는 주장을 담

조갑제 기자 저서 《박정희의 결정적 순간들》《프리마돈나의 추락》《박정희의 마지막 하루》《기다린 날이 왔어요!》

은 소책자입니다. 중앙정보부에 불려갔다 온 뒤 해직됐습니다.

2024년 6월 3일 윤석열 대통령은 포항 앞바다에 대유전이 존재할 가능성이 있다고 발표했습니다. 발표 당일 조갑제 기자는 "윤석열의 포항 앞바다 유전 가능성 발표와 박정희의 포항석유 대소동이 겹친다!"라는 제목으로 기사를 올렸습니다. 이번에는 안기부에 끌려가지 않았습니다. 조갑제 기자가 대통령 박정희를 말합니다.

유시춘 이사장

개항도시 인문학 시즌7 '대통령을 말하다' 제3강 강사는 유시춘 교육방송 이사장입니다. 1951년 경주에서 태어났습니다. 서애 류성룡 선생의 13대손입니다. 1972년 고려대 국문과를 졸업하고, 1973년《乾燥地帶(건조지대)》로 세대 신인문학상을 수상했습니다.《그가 그립다》《김대중 자서전》《우리 강물이 되어》《안개 너머 청진항》등 많은 저서·공저서·소설 등을 출간했습니다.

유시춘 이사장 저서 《그가 그립다》 《김대중 자서전》 《우리 강물이 되어》 《안개 넘어 청진항》

1985년 교사로 재직하던 중 민주화실천가족운동협의회 결성식 사회를 봤다는 이유로 해직됐습니다. 1987년 민주쟁취국민운동본부 상임위원으로 6월항쟁에 참여, 2001년 김대중 정부 때 국가인권위원회 상임위원, 2007년 노무현 대통령 시절 한국문화정책연구소 이사장, 2018년 문재인 정부 때부터 EBS 이사장으로 일하고 있습니다. 현재도 EBS 이사장입니다.

대통령은 대개 자서전을 직접 쓰지 않습니다. 그런데도 대통령 자서전이라고 부르는 것은 대통령이 직접 구술하기 때문입니다. 구술을 글로 옮기는 사람은 전문작가입니다. 김대중 대통령 자서전을 쓴 전문작가는 유시춘 EBS 이사장과 김택근 전 경향신문 논설위원입니다. 유시민의 누나가 아니라 김대중 대통령 자서전을 쓴 전문작가이자 소설가인 유시춘 이사장에게 듣습니다. 대통령 김대중을 말합니다.

오인환 장관

개항도시 인문학 시즌7 '대통령을 말하다' 네 번째 강사는 오인환 전 공보처장관입니다. 오인환 장관은 김영삼 평전《김영삼 재평가》를 썼습니다. 한국일보 편집국장과 주필을 역임했습니다.《김영삼 재평가》《박정희의 시간들》《건국 대통령 이승만의 삶과 국가》《고종시대의 리더십》 등 많은 저서를 출간했습니다.

1992년 민자당 김영삼 대표최고위원의 정치특별보좌역을 맡으면서 정계로 자리를 옮겼습니다. 1993년 2월 문민정부 출범과 함께 공보처장관을 맡았습니다. 1998년 2월 김영삼 대통령 임기 마지막까지 문민정부와 함께했습니다. 그런 그가 상도동에 발을 끊었습니다. 김영삼을 먼 거리에서 객관적으로 보기 위해서입니다.《김영삼 재평가》는 그렇게 탄생했습니다. 김영삼 대통령의 참모습을 제대로 알리고자 한 것입니다. 시작부터 끝까지 대통령과 함께한 오인환 장관이 김영삼 대통령을 말합니다.

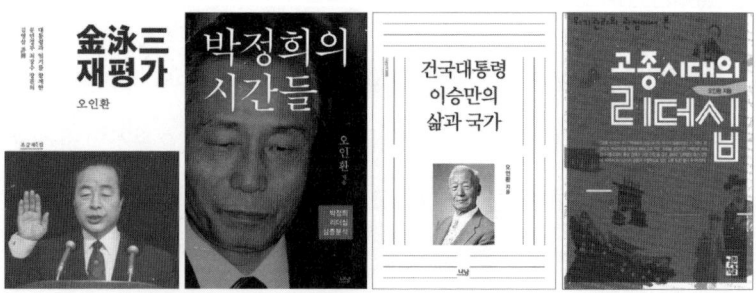

오인환 장관 저서《김영삼 재평가》《박정희의 시간들》《건국 대통령 이승만의 삶과 국가》《고종 시대의 리더십》

최석호 소장

개항도시 인문학 시즌7 '대통령을 말하다' 다섯 번째 강사는 최석호 소장입니다. 그는 1964년 부산에서 태어났습니다. 고려대학교 사회학과에서 여가사회학으로 박사학위를 취득했습니다. 영국 노팅엄트렌트대학교Nottingham Trent University 대학원에서 문화학English Cultural Studies을 전공하고 박사과정을 수료했습니다.

주요 저서 및 공저서로는 《골목길 역사산책: 한국사편》(2022년, 문화부 세종도서 교양부문도서), 《미국 엔터테인먼트 전성시대》(2019년, 출판문화산업진흥원 우수창작콘텐츠지원작), 《중국인이 몰려온다!: 천만 관광객 시대의 한국관광》(2012년, 대한민국학술원 선정 우수학술도서) 등이 있습니다.

월드레저총회World Leisure Congress를 한국에 유치하기 위해 태스크포스팀을 구성하고 유치했습니다. 춘천에 의암레저스포츠타운을 조성하고 2010년 개최했습니다. 태스크포스팀원들과 함께 한국레저경영연구소

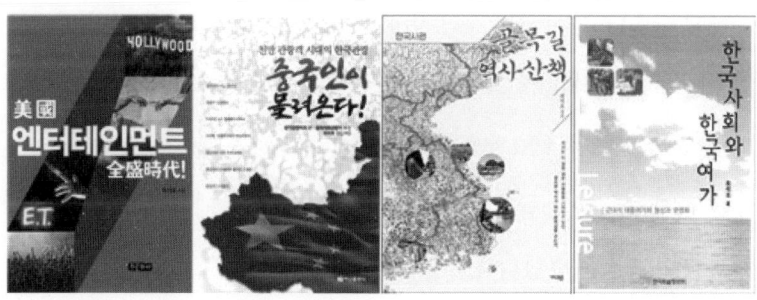

최석호 소장 저서 《미국 엔터테인먼트 전성시대》 《중국인이 몰려온다!》 《골목길 역사산책》 《한국사회와 한국여가》

를 설립하고 고도현대화·문화사회사·관광세계화·문명화과정 등을 연구하고 있습니다. 서울과학종합대학원대학교 레저경영전문대학원장, 서울신학대학교 관광경영학과 교수 등으로 재직했습니다. 복합문화공간 개항도시를 만들어서 책마을(서점)·예술마을(전시관)·커피마을(커피숍)을 경영하고 있습니다.

국민이 대통령을 뽑고 그에게 권력을 위임했습니다. 그런 대통령이 국가와 국민을 위해 노심초사하기는커녕 더 큰 권력을 갖겠다고 쿠데타를 일으켰습니다. 경제위기를 겪으면서 우리 사회는 성장과 발전에 대해서 성찰합니다. 행복한 삶은 돈으로만 되는 게 아니라는 것을 깨닫습니다. 대통령의 친위쿠데타를 겪은 우리는 어떤 교훈을 얻을 것인가! 최석호 소장이 대한민국 대통령을 말합니다.

대한민국 대통령

사람들은 흔히 누가 대통령이 되어야 할지를 묻습니다. 진영논리에 사로잡힌 사람들은 국민의힘 후보 또는 민주당 후보가 대통령이 되어야만 한다고 말합니다. 이제는 '누가'가 아니라 '어떤 사람'이 대통령이 되어야 할지를 말해야 하지 않을까요? 대한민국은 해결해야 할 과제가 많습니다. 선진국 대한민국 노인 중에는 끼니를 걱정하는 분들이 있습니다. 청년은 희망이 없다고 합니다. 어떤 사람이 대통령이 되어야 할지 다시 생각합니다. 지금 시작합니다.

개항도시 인문학 '대통령을 말하다' 포스터.

제1장

대통령 **노무현**을 말하다

유시민 작가

'대통령 노무현을 말하다' 강연을 마친 유시민 작가가
참가자들과 함께 기념 촬영을 하고 있다.

인트로 — 최석호 소장

개항도시 인문학 시즌7 제4강에 참여해 주셔서 대단히 감사합니다. 개항도시가 생긴 이래로 가장 많은 분들이 오셨습니다. 오늘 이 행사를 축하해 주시기 위해서 박남춘 전 인천시장님께서도 참석하셨습니다. 유시민 작가의 강연을 환영하는 인사 말씀 듣겠습니다.

환영사 — 박남춘 전 인천광역시장

유시민 작가는 사실은 뒤늦게 노무현 대통령님을 통해서 만나게 된 친구입니다. 사석에서는 우리 둘이 말을 놓고 지내고 대포를 좋아해서 둘이 술도 먹고 지내는 사인데, 오늘 개항도시에 온다니까 얼마나 기쁜지 모래내시장 선거운동 돌다가 환영 인사하러 왔어요.

역시 인기 강사는 다릅니다. 이렇게 많이들 와 주셨네요. 우리 최석호 소장님 존경합니다. 이렇게 훌륭한 인문학 프로그램을 만들고 또 유시민 작가, 되게 비싼 강사라 모시기 어려웠을 텐데 이렇게 한 게 너무나 보기 좋습니다.

저는 최석호 소장님한테 좀 미안한 것도 있어요. 제가 시장 시절에 좀 일찍 알았더라면 좋았을 텐데요.

저는 이곳에서 나고 자랐어요. 송월동에서 태어났고 옆에 답동성당에 있는 박문초등학교를 다녔어요. 이 원도심 개항장 거리는 손을 대지 않고 사람이 오게 만들어야 성공한다 이런 생각을 갖고 있어요. 우리 최 소장님하고 대화를 나눠 보니까 이 모습 그대로 생활인구 10만 명 인구만 찬다면 우리가 로마 같은 도시가 되지 말라는 법이 없거든요.

박남춘 전 인천광역시장 환영사.

  자유공원에 220미터짜리 타워 세운다? 이건 정말 재앙을 불러오는 일이라고 생각합니다. 결국은 유시민 작가 같은 알찬 인문학 강연을 들을 수 있는 문화자산을 전통으로 만들어 간다면 머지않아 과거 전성시대를 회복할 수 있겠지요. 그렇기 때문에 소장님 노고에 감사드리고 기꺼이 와 준 우리 유시민 작가, 감사합니다.

  저도 참여정부 시절에 5년 동안 노무현 대통령을 청와대에서 모셨거든요. 노무현 대통령께서는 무슨 일을 하시다가 화두가 좀 꼬인다 싶을 때는 강만길 교수님, 문정인 교수님 그리고 유시민 장관을 부르셨어요. 그럴 때 많이 만났던 그런 관계이기도 해요. 그렇기 때문에 대통령께서 고뇌하셨던 문제에 대해서도 누구보다도 살아 있는 말을 해줄 거라고 생각합니다. 참석하신 여러분 모두에게 좋은 시간이 되기를 바랍니다. 감사합니다.

진행 — 최석호 소장

개항도시는 복합 문화 공간입니다. 와서 차도 마실 수 있고 책도 읽을 수 있고 전시 작품을 감상할 수도 있는 그런 곳입니다.

개항도시에서는 여행클럽을 운영하고 있습니다. 주로 골목길여행을 합니다. 시간 되시면 참여해 주시면 좋겠습니다. 북클럽도 운영하고 있습니다. 함께 읽고 토론하실 분들은 동참해 주십시오.

개점한 첫날부터 인문학 강연쇼를 시작했습니다. 개항도시 인문학 시즌1 '사람을 말하다'부터 시즌6 '여가를 말하다'까지 했습니다. 그 사이사이에 '개항도시 문화유산 인문학' '개항도시 야행 인문학' '토요예술책방'도 열었습니다. 아직 많은 분들이 알아주지는 않습니다. 그래도 계속합니다.

지금은 개항도시 인문학 시즌7입니다. 이번 주제는 '대통령을 말하다'입니다. 어느 날 TV를 보니까 이상한 분이 나와서 계엄을 한대요. 그래서 원래 계획했던 걸 다 포기하고 '대통령을 말하다'로 바꿨습니다. 어떤 사람은 법으로 말을 하고요. 어떤 사람은 판결로 이야기를 하고요. 어떤 사람은 기사로 이야기를 하고요. 어떤 사람은 책으로 이야기합니다. 개항도시는 뭘로 이야기를 할까요? 강연으로 이야기를 합니다. 제1강 '대통령 박정희를 말하다' 조갑제 기자께서 해주셨습니다. 참 재미있었습니다. 연세가 많으신 분인데도 꼿꼿하게 할 말 다 하는 경우는 참 드물지 않습니까? 맞장구치면서 공감하는 분이 많았습니다. 제 생각과 다른 부분이 꽤 있었지만 저도 상당히 공감했습니다.

오인환 장관님께서 두 번째 강연을 해주셨습니다. 김영삼 정부 첫날부터 마지막 날까지 함께했던 최장수 장관, 공보처 장관이셨습니다. 연세가 많으신데도 강연에 힘써 주셨습니다.

　유시춘 이사장님께서 제3강으로 김대중 대통령에 대한 이야기를 해 주셨습니다.《김대중 자서전》집필에 참여한 분이 많은데 대표 작가 격으로 초청했습니다. 흔쾌히 수락해 주셔서 멋진 강연을 들을 수 있었습니다. 유시춘 이사장님은 부평에서 살았더라고요. 부평에서 살 때 동생이 입시를 치를 때면 데려왔다고 해요. 동생이 공부를 잘해서 서울대 경제학과에 들어갔대요. 그 동생이 유시민입니다. 어떤 분들은 이부망천離富亡川이라고 하는데 저는 학천입경學川入京이라고 말합니다. '인천에서 공부하면 서울대 들어간다'입니다.

　부평에서 살았던 경험 때문인지 유시춘 이사장님은 조금 일찍 오셔서 우리 동네를 걸었는데 굉장히 유심히 보시더라고요. 유쾌한 에너지가 많은 분이어서 옆에 있는 사람도 덩달아 기분이 좋아졌습니다. 강의할 때도 그러한 에너지가 많이 전해졌던 것 같아요.

　제가 제5강을 합니다. 아마 들어오실 때 설문지를 받으셨을 거예요. 계속 설문조사를 하고 있습니다. 설문지 전체 결과를 취합해서 2주 뒤에 제가 말씀드릴 거고요. 네 분의 대통령이 있는데 네 분의 대통령은 언제부터 정치인이 되었다고 생각하세요? 국회의원에 당선된 날부터 또는 쿠데타의 선봉에서 대통령이 된 날부터? 저는 그렇게 생각지 않습니다. 그 이야기를 하려고 합니다.

　오늘은 제4강입니다. 노무현 대통령에 대해서 유시민 작가께서 말씀해 주실 거고요. 유시민 작가는 1959년 경주에서 태어나셨고, 1991년에

최석호 소장이 '대통령 노무현을 말하다' 강사 유시민 작가를 소개하고 있다.

서울대 경제학과를 졸업했습니다. 참 오래 걸렸죠. 1997년 독일에서 경제학 석사를 하셨고, 2003년 보궐선거로 국회의원에 당선된 이후로 재선하셨고, 노무현 정부 시절 보건복지부 장관도 역임하셨고, 2013년 정계 은퇴를 선언한 다음에 2018년에는 정의당에서도 완전히 탈당하셨습니다.

많은 책을 썼습니다.《거꾸로 읽는 세계사》같은 경우에는 소위 말하는 밀리언셀러입니다. 책을 도대체 어떻게 써야 100만 부가 팔릴까요? 만 부도 못 파는 저로선 굉장히 부러울 따름입니다. 그리고 노무현 대통령의 자서전《운명이다》를 엮으셨고요. 최근에《그의 운명에 관한 아주 개인적인 생각》이라는 책을 내셨습니다. 여기서 '그'는 윤석열입니다.

내란 혐의로 구속기소된 노상원 정보사령관의 수첩에 유시민 장관의 이름이 기록돼 있습니다. 여기에 이름 올라간 사람은 그날 다 잡아들여

가지고 벙커에 가둬들이려고 했던 사람입니다. 그 수첩에 이름을 기록하며 이놈 저놈 다 잡아들이려고 했던 사람들은 지금 굉장히 위험한 상태에 있습니다. 반면에 그 수첩에 이름이 올라갔던 사람들은 굉장히 자유로운 일상을 영위하고 있습니다.

김대중 대통령 후보에게 "당선하기 어려우니 대타를 찾아보라"고 했고 대통령 임기 막바지에는 "나 같으면 하야할 것 같다. 꼭 하야하라는 건 아니지만"이라고 비판하기도 했던 분이 유독 한 대통령은 그렇게 따랐어요. 노무현 대통령입니다. 그러니까 노무현 대통령에 대해서 가장 잘 말씀해 주실 수 있는 분이 아닌가 생각하고 초청했습니다. 개항도시 인문학 시즌7 제4강 유시민 작가의 '대통령 노무현을 말하다' 박수로 청해 듣겠습니다.

강연: 유시민 작가, 대통령 노무현을 말하다

안녕하세요? 오랜만에 얼굴 보는 분들도 계시고, 아는 분들도 오셨고 해서 좀 부담스럽네요. 먼 데 가서 아는 사람 없는 데서 강연하려고 그랬는데 조금 어긋났습니다. 그래도 여러분 만나게 돼서 반갑고요. 제가 강연 초대를 몇 년째 사양하면서 살고 있습니다. 노무현재단과 관련 있는 시민학교 수업만 했습니다. 그것도 자주 한 건 아닌 데다가 저로서는 의무 사항이라고 생각해서 했던 거죠.

그런데도 이 강연을 하게 된 경위를 말씀드리면, 우선 제가 노무현재단 이사장 직을 3년이나 했으니 이런 주제는 '가서 얘기를 해야 되는 거 아닌가?' 하는 의무감을 느낄 수밖에 없어서 오게 됐고요. 두 번째는 최석호 소장님이 사람을 중간에 잘 넣어서 거절할 수 없도록 했어요. 김성현 목사님이라고 신학 박사고 예전에 정치하던 시절에 저를 많이 도와주셨던 동지입니다. 도저히 거절하기 어려운 인간관계 때문에 강연하러 간 경우가 지난 몇 년간에 두어 차례 있었습니다.

해남에 사시는 황지우 시인이 광주에서 하는 인문학 강좌에 "한번 와주라"고 하셔서, "형님 말씀하시면 어쩔 수 없죠" 했습니다. 봉하마을에 노무현 대통령 기념관 만들 때 텍스트 기초 작업을 다 하신 분이라 제가 재단 이사장 할 때 "다른 거는 몰라도 형님 부탁 하나는 제가 나중에 꼭 들어드릴게요" 한 적이 있거든요. 마찬가지로 이 강연도 김성현 목사님이 중간에 들어서 "좀 와주면 안 되겠냐?"고 해서 오게 되었습니다.

개항도시라고 해서 저는 인천시나 중구청에서 구도심 활성화 사업의 일환으로 지원하는 인문학 프로그램인 줄 알았어요. 그런데 그게 아니라 뜻있는 개인들이 기획하고 준비해서 하신다는 말씀을 듣고 깜짝 놀랐습니다. 인천은 우리 근현대사에서 중요한 역할을 여러 차례 했던 도시죠. 오늘 주제와는 거리가 있지만 잠깐 말씀드리면, 우리는 문화적으로 중국에 포섭된 반도 국가에서 대륙에 무게 중심을 두고 수천 년간 살아왔어요. 장보고 사례에서 보는 것처럼 고대에는 신라 사람들이 무역을 하면서 중동 지역과 교류했고 인도 사람 허황옥 황후가 가야에서 혼인을 하기도 했지요. 원래 대양에서 놀던 민족인데 상당히 오랜 세월 동안 대양을 잊어버리고, 대양으로 나가지 않고 중국 대륙의 구심력에 붙

잡혀 살았습니다. 그걸 바꾼 게 개항이고, 개항은 인천 제물포에서 시작된 거죠. 한반도 우리 민족의 삶이 다시 대양을 향해 열리는 전환이 여기서 일어났어요. 한국전쟁 때 해양세력인 미국이 들어와서 상륙한 곳도 여기예요. 그러니까 인천항은 대양시대 우리 민족의 삶을 바꾼 역사적 사건이 일어난 곳입니다.

요즘은 어느 도시나 중구가 어렵습니다. 중구는 대개 오래된 원도심이기 때문에 큰길이 쫙 뻗어오다가 중구에 들어오면 꼬불꼬불한 길로 바뀝니다. 원도심은 역사의 현장이죠. 인천 중구가 역사를 체현體現하는 지역으로 발전해 갔으면 좋겠다고 생각합니다. 저는 여행을 많이 다니는 편인데 골목이 있는 도시를 좋아해요. 서울 용산 같은 데는 정이 가지 않지요. 주상복합 큰 빌딩이 즐비한 재개발 지역에 사람은 간데없고 집하고 길만 보이죠. 인천 중구가 이런 프로그램 같은 문화 이벤트가 많이 있는 동네로 나아가기를 바랍니다.

오늘 강연 주제가 노무현 대통령인데, 전제를 몇 가지 둬야 할 것 같아요. 노 대통령은 평가하기가 어렵습니다. 그래서 그분에 대한 저의 기억과 생각과 감정을 나누려고 합니다. 다음 주가 16주기인데, 떠나신 지가 그리 오래되지는 않으셨지요. 아직 역사 속으로 완전히 들어가지 않은 분이라 평가하기가 더 어려워요. 김대중 대통령하고 비교해 볼까요. 김대중 대통령은 정치를 오래 하셨고 국회의원도 여러 번 하셨지요. 오래 활동하면서 삶의 에너지를 남김없이 쓰고 떠나셨다고 할 수 있지요. 그래서 같은 해 서거하셨지만 '역사 인물'이라는 느낌이 듭니다. 노무현 대통령은 젊은 나이에 갑자기 떠나셨어요. '최초의 디지털 대통령'답게 남은 영상이 너무 많아요. 온라인에는 목소리와 표정이 전부 살아 있으서서 역사 인물 같지가 않습니다. 게다가 현실정치에 계속 소환당하세요. 누가 누구를 공격하기 위해서 소환하기도 하고, 자기 자신을 자랑하려고 소환하기도 합니다. 때로는 해결되지 않은 어떤 문제와 엮여 있어서, 그 문제가 노무현 대통령이 제기한 것이라서 소환당하시기도 하고요. 앞으로도 당분간 그런 상황이 이어지리라 봅니다.

제가 제일 기분이 안 좋을 때는 누구를 공격하기 위해서 노무현 대통령을 소환하는 경우입니다. 이런 건 참 나쁘다고 생각합니다. 기왕 소환할 거면 살아가는 데 긍정적인 면에서 참고할 수 있는 방향으로 소환하는 게 좋겠지요. 그렇지만 누구를 욕하려고 고인을 소환하는 일이 아직 많습니다. 객관적이고 정리된 평가를 하기에는 아직 너무 이르지 않나 생각합니다. 그래서 저의 생각을 있는 그대로 말씀드리려고 해요.

노무현 없는 노무현 시대

오늘 제 강연 주제는 한 단어로 표현할 수 있습니다. 흔히 영어로 미스매치mismatch라 하는데, 우리말로는 '어긋남'이에요. 노무현 대통령에 대해 생각하면 저는 제일 먼저 그리고 제일 자주 이 말을 떠올려요. 하여튼 뭐가 많이 어긋났어요. 그래서 그분이 아직도 역사 속으로 못 들어가셨습니다. 그때 어긋났던 많은 것이 여전히 제자리에 들어가지 못했어요.

노무현 대통령이 역사 속 인물로 완전히 자리 잡으려면 아직 해결되지 않은 이 어긋남을 풀어야 한다고 저는 생각합니다. 다르게 표현하자면, '노무현 없는 노무현 시대'를 완성해야 노 대통령이 온전한 역사 인물이

2025년 5월 23일 봉하마을에서 '민주주의 최후의 보루는 깨어 있는 시민의 조직된 힘입니다'라는 주제로 노무현 대통령 서거 16주기 추도식을 거행하고 있다.

될 수 있다는 것이죠.

제가 2002년 민주당 국민경선 때 노무현 캠프에서 자원봉사를 했어요. 기자들 없을 때만 출입하면서 했죠. 경선이 끝나면 제 일로 돌아가야 하기 때문에 티 안 나게 하다가 경선 끝나고 캠프를 떠났습니다. 그런데 이번에 '국힘당'에서 벌어진 것과 비슷한 후보 교체 소동이 민주당에서 벌어졌어요. 축구 대표팀이 월드컵 4강에 가면서 정몽준 씨가 대통령 후보로 떠올랐는데, 민주당 정치인들이 후보를 정몽준으로 바꾸려고 '후보단일화협의회'라는 걸 만들어 노무현을 내쫓으려고 했어요.

그래서 이거는 아니잖아, 반칙이잖아, 하면서 국민후보 노무현 지키기 국민운동이란 걸 벌였고, 그러다 보니 문성근 선배 같은 분이 자꾸 권하고, 그래서 제가 자의 반 타의 반 정치에 발을 들였죠. 보궐선거에 나가 국회의원이 되었고 참여정부 내각에서 일하기도 했습니다. 노무현 대통령과 저의 관계는 정치인과 자원봉사자로 정리할 수 있어요. 보건복지부 장관이었던 1년 5개월 동안만 보스로 모시고 부하로 일했습니다.

노무현 대통령 5년을 돌아보면 어긋난 게 정말 많았는데, 가장 큰 게 대통령과 국민의 어긋남이었어요. 이 어긋남이 어떻게 나타났는가? 재임 중에는 국정 수행 지지율이 아주 낮았는데, 퇴임한 뒤에는 인기가 막 올라갔고, 돌아가시고 나서는 국민이 제일 좋아하는 대통령이 됐습니다.

노무현 대통령이 봉하마을 계실 때 관광객들이 몰려오니까 인사하러 나오셔서 이렇게 말씀하셨어요. "일할 때는 못한다 못한다 싫다 싫다 하더니 이제 그만두고 나와서 노니까 좋다 좋다 한다." 국민과 대통령의 어긋남에 대한 당신의 생각을 표현한 농담 같은 진담이었어요. 그렇습니다. 국민과 대통령은 크게 어긋났습니다. 그게 다 제 자리에 들어가야 노무현 대통령은 역사 인물로 합당한 자리를 찾을 것이라고, 저는 생각합니다.

이제 그 어긋남이 어떤 양상으로 어떤 부분에서 드러났는지 말씀드리겠습니다. 오늘 오신 분들 가운데 그때 어린애였던 분은 많지 않은 듯하네요. 다들 유권자셨죠? 그때를 돌아보면서 그 어긋남이 어디에서 비롯했고 어떻게 전개되었으며 무엇을 남겼는지를 함께 생각해 보시기 바랍니다. 그렇게 해야 우리 모두에게 더 나은 세상을 만들 수 있을 것 같아요.

제 생각에는 지금 노무현이 없는 노무현의 시대가 다가오는 중입니다. 2002년 여름 노무현 후보 지지율이 추락하고 후보 교체론이 나왔던 때 저는 서울 마포에 사무실을 냈어요. 출판 기획 사무실이었지요. 출판 기획을 생업으로 삼을 생각이었습니다. 그런데 노무현 후보가 전화를 하셨어요. 어디 있냐고 물으시더니 제가 가겠다는데도 일정이 없다면서 제 사무실로 오시더군요. 거기서 한두 시간 대화를 나눴습니다. 그때 저한테 그런 말씀을 하셨어요. "내가 대통령 되겠습니까?" "그럼요. 되실 겁니다." "그런데 내가 하고 싶은 걸 다 못 할 것 같아요." "그럴 수 있죠. 할 수 있는 데까지 하시면 됩니다. 변화의 첫 파도에 올라타셨으니 하고 싶은 만큼 다 하진 못 하실 거예요. 그다음 파도가 오고 또 오고, 그래서 언젠가는 후보님이 원하시는 세상이 오죠. 반드시 온다고 저는 생각합니다." 그랬더니 그러시더군요, "그런데 그 시대가 되면 나는 없을 것 같아." "그러면 어때요? 오래 걸리는 일인데 후보님이 그때 안 계셔도 지금 하시고 싶은 일이 다 이루어지면 되는 거잖아요." "그건 그렇지." 고개를 끄덕이시더군요. 그렇게 결론을 좋게 맺었고, 우여곡절 끝에 결국 대통령도 되셨지요. 저는 두고두고 그 말을 후회했습니다. 노 후보는 마음이 너무 괴로워서 저를 찾아오셨는데 저는 아주 냉정하게 말했으니까요. 그래도 서운한 내색 하지 않으셨고 언제나 저를 존중해 주셨습니다.

돌아가시고 나서 어느 인터뷰에서 그때 이야기를 했는데, 그게 퍼져 나가면서 '노무현 없는 노무현의 시대'라는 말이 생겼어요. 저는 이 말이 노무현 대통령과 시대의 어긋남을 압축해 표현한다고 봅니다.

제가 노무현 대통령을 위로해 드리지 않은 건 아닙니다. 적어도 한 번은 언제였는지 정확하게 기억해요. 2009년 4월 19일이었죠. 그 전날 대통령께서 홈페이지에 글을 올리셨는데 제목이 이랬어요. "여러분은 나를 버리셔야 합니다." 검찰 수사가 시작되자 봉하마을 가겠다고 연락을 드리면 말리셨어요. "오지 마라. 얼굴 끄실린다." 기자 수백 명이 카메라를 겨누고 있으니까 여기 오면 도매금으로 죄인 취급을 받는다. 그러니

오지 마라. '얼굴 끄실린다'는 게 그 말입니다. 햇볕에 얼굴 타는 것처럼 카메라 플래시에 죄인 취급 당한다는 뜻이었지요. 대통령은 누가 자신 때문에 불이익을 받는 것을 견디기 어려워하셨습니다.

그래서 그날은 그냥 갔어요. 대통령 사저 앞에서 전화를 드리고 들어 갔습니다. 몇 시간 동안 같이 밥을 먹고 옛이야기 하면서 즐겁게 시간을 보냈어요. 그때 저한테 그렇게 말씀하셨죠. "세상을 바꿨다고 생각했는 데 돌아보니 물을 가르고 온 것 같다." "그렇지 않습니다. 정말 많은 걸 바 꾸셨습니다." 그렇게 위로를 드렸지만 슬픔을 덜어드리지는 못했던 것 같았어요.

이해찬, 한명숙 총리께 전화를 드렸어요. 빨리 가보시라고요. 말로는 오지 마라 하시는데 정작 가면 엄청 좋아하신다고. 명절에 전화 드리면 시골에 계신 부모님들은 말씀하시죠. "오지 마라, 차도 막히고." 그렇지 만 손주들 데리고 가면 좋아하시잖아요. 그거하고 같았어요. 여기 왔다 가 같이 돌 맞을까 봐 걱정이 되셔서 "얼굴 끄실린다. 오지 마라" 하셨는 데, 누가 가면 좋아하셨어요. 그래서 대통령님 모시고 정부에서 일했던 분들이 교대로 가서 즐거운 얘기 나누고 그렇게 했죠.

"물을 가르고 온 것 같다"는 말은 자신이 이루었다고 생각했던 모든 것 이 부정당했다는 뜻입니다. 대통령은 자신이 버림받았다고 느끼셨어요. 과거의 동지들이 자신을 버려야 한다고 생각하셨던 것 같아요. "나를 버 리고 당신들은 살아라." 그렇게 말씀하셨어요. 이 모두가 어긋남 때문에 생겼다고 저는 생각합니다.

오늘 강의를 준비하면서 구체적으로 무엇이 어긋났던가 생각해 봤어요. 돌이켜보면 엄청나게 큰 이슈가 많이 있었습니다.

검찰개혁과 언론개혁

떠오르는 순서대로 적어 보니, 검찰개혁하고 언론개혁이 맨 먼저였습니다. 이것 때문에 임기 내내 어마어마하게 시끄러웠죠. 검사와의 대화는 성공할 수 없는 기획이었어요. 검사들은 그저 권력으로 찍어 눌러야 하는 존재인데 대통령과 동등한 공무원으로 대우를 해준 거잖아요. 동등한 존재로! 검찰개혁의 필요성과 방법에 대해서 수평적으로 대화해 보자고 토론회를 했는데, 남은 건 검사들은 대화할 줄 모르는 집단이라는 사실뿐이었어요.

검찰개혁은 그런 방식으로 안 된다는 것도 드러났습니다. 이명박 대통령은 검찰의 칼을 동원하고 언론을 공범으로 만들어 전임자를 정치적·법률적·심리적으로 압박해 스스로 목숨을 거두게 했습니다. 노무현 대통령이 삶을 그런 방식으로 마감하게 만든 것은 검찰과 언론이었다고 저는 생각합니다.

검찰개혁과 언론개혁은 아직 이루어지지 않았습니다. 노무현 대통령이 검사와 공개 토론한 것이 22년 전이에요. 돌아가시고 16년이 지났는데도 여전히 미완의 과제로 남아 있습니다.

그런데 노무현 대통령이 안 계신 이 상황에서 검찰개혁은 될 것 같죠? 머지않아서! 올여름이나 가을에? 올해가 가기 전에? 여하튼 곧 될 것 같습니다. 수사권과 기소권의 완전 분리는 그때는 말도 꺼내지 못했어요. 노무현 대통령은 해야 한다는 확신을 가지고 있었지만, 국민들은 더 강한 권력자인 대통령이 검찰을 때려눕히려는 설로 생각했다고요. 선제받지 않는 부당한 권력을 해체하는 것이었는데 말입니다. 그래서 대통령은 검찰개혁을 밀어붙일 수 없었어요. 임기 초에는 여당 국회 의석이 얼마 되지 않았고, 2004년 총선에서 과반수를 얻고 나서도 하지 못했어요. 열린우리당에도 반대하는 국회의원이 많았거든요.

거기에 비하면 지금 더불어민주당은 의석도 많고 의지도 강합니다. 어떤 자칭 평론가는 조선노동당 비슷하다고 하지만 그게 아니에요. 노무현 대통령이 시작했던 검찰개혁, 22년 동안 노력했던 그 일이 이제 국민의 이해와 지지를 받아 결실을 맺으려고 하는 것일 뿐입니다.

언론개혁은 더 안 됐습니다. 그때는 청와대나 정부 부처 기자실에서 기자들이 담합해서 특정 방향으로 몰고 나가곤 했어요. 노무현 대통령이 문제를 제기하고 미국식 개방형 브리핑 제도를 도입하려고 했습니다. 진보 보수를 막론하고 모든 신문 방송의 기자들이 그걸 언론탄압이라고 비난했죠. 브리핑 룸 사용을 거부하면서 정부청사 복도 바닥에 앉아 일을 하는 진풍경을 빚었던 것을 기억하실 겁니다.

제가 보건복지부에서 일할 때였는데, 출입 기자들이 장관실 문을 박차고 들어오더라고요. 간사 기자가 기자단 대표라며 10여 명을 이끌고 왔죠. 그 문제는 결국 해결이 안 됐습니다. 이명박 대통령이 취임해서 기자실을 되살렸어요. 문재인 정부에서도 손대지 못했어요. 저는 공론장公論場으로서의 언론은 이제 존재하지 않는다고 봅니다. 기성 언론은 대주주와 거기서 밥을 먹는 사람들이 자기 자신의 이익을 위해서 정보를 유통하는 기업이 되었습니다. 극소수 신문사와 공영방송을 제외하면 다 그렇다고 봅니다.

　언론개혁이 불가능하다고 할 수는 없습니다. 그러나 기성 언론의 저널리즘 독점은 해체되어 가고 있어요. 스티브 잡스나 빌 게이츠 같은 분들이 문제 해결의 길을 열어 준 덕분이죠. 새로운 미디어를 통해 대통령이 국민과 직접 소통할 수 있게 되었어요. 예전에는 신문 방송에 기사 한 줄 제대로 나게 하려면 엄청 애를 써야만 했죠. 김대중 대통령 때 비서실장 했던 박지원 의원이 고생 많이 했습니다. 백만 부 찍는다는 신문에 잘 보이려고 비싼 양주 들고 언론사 회장 집에 아침부터 가서, 아직 안 일어났다고 하면 한 시간 넘게 기다리고, 그런 굴욕을 당하면서 언론의 협조를 받으려고 노력해야 했습니다.

　지금은 안 그래도 돼요. 유튜브 방송에 나가서 '윤석열이 얼마나 나쁜 권력자이며 왜 헌법을 파괴한 내란범이라고 하는지, 조희대 대법원장의 행위를 왜 사법쿠데타라고 하는지 논리적으로 비판하면 3백만, 4백만, 5백만 명이 봅니다. 언론 기업의 보도를 통하지 않고 정치인과 비평가들이 대중과 소통할 수 있는 시대가 되었습니다. 그 결과가 선거로 드러납니다.

　언론이 윤석열을 일방적으로 편들었지만 이재명은 2022년 대선에서 윤석열한테 득표율 0.7%p밖에 안 졌어요. 아주 잘 싸운 선거였어요. 그때 보수 진영은 안철수까지 중도 보수를 다 통합했죠. 윤석열은 대자본과 경제계와 언론의 전폭적인 지원을 받았어요. 반면 민주당은 내부 경선에서 패배한 세력이 떨어져 나갔고, 일부는 윤석열 편으로 넘어가거나 선거운동을 사보타주 했습니다. 언론이 이재명 후보를 악마화하고 윤식열의 치부를 감추어 주었어요. 그런데도 '깻잎 한 장' 차이밖에 윤석열이 앞서지 못했습니다.

작년 22대 총선도 2월 말 3월 초까지 언론은 여당이 이길 거라고 했죠. '친명횡재 비명횡사'라도 민주당 공천을 비방했고 선거 기간 내내 이재명의 소위 '사법 리스크'를 강조하면서 윤석열을 편들었는데도 민주당이 압승을 거두었지 않습니까? 언론의 선동이 먹히지 않는 거예요.

언론개혁 문제는 노무현 대통령님이 괜한 일을 하셨다고 생각합니다. 결과적으로요. 스마트폰이 2009년에 나왔습니다. 노무현 대통령이 퇴임하신 다음이에요. 지금 같으면 대통령이 청와대 브리핑 룸에 안 가시고 트위터에 메시지를 올리거나 청와대 유튜브에서 국민에게 바로 정보를 제공하고 호소할 겁니다.

한국 언론은 공론장을 장악하고 특정한 이해관계와 특정한 이념으로 뉴스를 결정함으로써 여론을 왜곡해 왔습니다. 노무현 대통령은 문제를 제기하고 해결책을 강구했지만 성공하지 못했어요, 오히려 공격만 더 당했죠. 국민들이 대통령의 문제 제기를 받아들이지 않았기 때문이죠. 검찰과 언론, 이것이 제가 제일 첫 번째로 떠올린 노무현 대통령과 국민의 어긋남입니다.

한미 FTA

두 번째는 한미 FTA인데요, 이건 지지층과 대통령이 어긋난 경우였어요. 그러니까 노무현 대통령을 지지했던 사람들이 한미 FTA에 반대했습니다. 보수정당과 보수언론은 구국의 결단이라고 막 치켜세웠죠. 노무현 대통령은 그것을 왜 하셨냐? 살아가기 위해서 했습니다. 좋은 일이거나 옳은 일이라서, 또는 아름다운 일이라서가 아니고요. "시대의 흐름과 세계정세 변화를 볼 때 피할 수 없을 것 같다. 회피하거나 저항하면서 시간을 보내기보다는 먼저 흐름을 올라타서 경쟁에서 이기는 것이 낫지 않은가? 피할 수 없는 거라면 선제적으로 틀어쥐고 잘하자!"

평소 노무현 대통령을 지지했던 시민들이 나쁜 마음으로 반대한 게 아니에요. 한미 FTA를 하면 나라가 망할지 모른다는 공포감 때문이었어요. 저는 그때 대통령이 지지층의 요구에 어긋나는 일을 할 때 얼마나 큰 정치적 타격을 입는지 목격했습니다.

지금 와서 보면 이 어긋남은 어느 정도 해소된 것 같아요. 그때 그렇게 하기를 잘했어. 그게 우리한테 손해가 아니었어. 그러니까 이제 와서 트럼프가 그걸 다 뒤집어엎는 거 아니야? 한미 FTA 문제는, 그렇게 해서 어긋남이 해소됐어요.

양극화

세 번째 어긋남은 '양극화'와 관련이 있습니다. 2002년 대선 때는 이슈가 아니었어요, 양극화 해소하라고 노무현을 대통령 만들지는 않았어요. 동서화합·국민통합·정치개혁 같은 게 노무현 대통령의 공약이었죠. IMF 이후 양극화가 빠르게 진행되고 있었지만 대선의 주요 의제로 떠오르지는 않았어요.

그런데 대통령에 취임하자 가장 큰 문제로 다가온 것은 양극화였습니다. 이 문제에 대처하려면 상황을 정확하게 파악해야 하니까 데이터가 필요했어요. 노무현 대통령은 통계청이 고용과 분배 관련 데이터를 개선하도록 지시하셨고, 비정규직 노동자들의 근무 유형, 고용 형태, 그에 따른 임금 격차 등에 대해서 면밀하게 검토했어요. 양극화를 완화 해소하는 데 효과적인 정책 수단을 찾으려고 엄청나게 노력했습니다.

근데 평가는 어땠냐? 좌회전 깜빡이 켜고 우회전했다, 이런 것이었어요. 노무현 대통령이 좌회전 깜빡이를 켠 적도 없고, 우회전을 하지도 않았어요. 주어진 상황에서 마땅히 가야 할 길로 갔어요.

대표적인 게 국민연금입니다. 제가 장관으로 국민연금법 개정을 성사시켰는데요, 노무현 대통령이 하려고 했던 일이 아니었어요. 대통령 후보 토론에서 이회창 후보가 국민연금 재정을 안정화하기 위해 소득대체율을 60%에서 40%로 깎아야 한다고 주장했죠. 지금까지 가장 품위 있는 토론으로 평가받는 논쟁이었어요. 온라인에 영상이 남아 있습니다. 노무현 후보는 뭐라고 했는가? "이회창 후보님께서 그런 말씀을 하시는 것은 적절치 않다고 생각합니다. 국민연금을 용돈으로 만들면 안 되지 않습니까!" 그렇게 말씀하셨어요.

그런데 제가 보건복지부 장관으로서 보고를 드리자 견해를 바꾸셨어요. 국민연금 재정 재계산 결과를 토대로, 언제부터 적자가 나기 시작해서 언제 적립금이 고갈되는지 말씀드렸어요. "보험료를 12.9%로 올리고 보험급여 수준을 45% 또는 50% 정도로 내려야 됩니다. 완전 해결은 아니지만 적립금 고갈 시점을 좀 늦출 수 있습니다." 그랬더니 받아들이셨죠. 전권을 줄 테니 야당하고 협상해서 합의 처리하라고 하시더라고요.

이것도 진보 진영에서 엄청 비판했습니다. 백 개 넘는 진보적 시민사

개항도시 인문학 시즌7에서 '대통령 노무현을 말하다'를 강연하고 있는 유시민 작가. 유시민 작가는 노무현 자서전 《운명이다》를 쓰고 엮었다.

회단체가 저를 '최악의 보건복지부 장관'으로 규정하고 국민연금을 개악한 책임을 물어 장관직 사퇴를 요구했어요. 장관 그만두고 나서 강연 많이 다녔는데, 그 성명에 이름을 올린 단체의 강연 요청은 거절했어요. 저도 나름 뒤끝이 있는 사람이거든요.

모든 대통령이 그럴 겁니다. 대통령이 될 때 인식했던 과제와 대통령직을 수행하면서 봉착하는 과제가 같지는 않습니다. 노무현 대통령은 어떤 과제는 입장을 바꿔 자신의 임무로 받아들였어요. 국민연금에 대해서는 견해를 바꾸고 노력해서 개혁을 이루었죠. 양극화 문제도 자신의 과제로 수용했습니다. 그러나 많이 노력했는데도 눈에 보이는 성과를 내지 못했어요, 대통령 재임 기간에 분배지표를 개선하지 못했습니다. 그러나 실패했다고 하는 건 공정한 평가가 아니라 생각합니다.

분배지표는 대통령이 퇴임하고 나서부터 나아졌어요. 이명박 정부 때입니다. 2008년부터 기초연금을 지급하기 시작했고, 장기요양보험도 그때 시행했어요. 그래서 그걸 이명박 대통령이 한 줄 아는 사람이 더러 있죠, 제가 국회를 설득해 2007년에 법을 제정해서 2008년 시행한 겁니다. 두 제도는 분배지표를 개선하는 효과를 냈어요. 개인들이 부담하던 노인요양 비용을 국민건강보험에서 맡아주었죠. 개인들이 드리던 용돈을 국가가 어른들한테 드리기 시작했어요. 그만큼 자식들의 가처분소득이 늘어난 겁니다. 민간 가계의 가처분소득이 늘면 소비도 늘고, 그러면 골목 경기가 좋아집니다. 경제 활성화 효과도 좀 나는 것이죠. 시장소득 분배지표가 여전히 나빴지만 정부가 세금을 걷고 현금 지급과 현물 서비스를 제공한 후의 가처분소득 분배지표는 나아졌습니다. 노무현 대통령이 고민하고 노력해서 도입한 정책의 효과가 퇴임 후에 나타난 것이죠. 이것도 중대한 어긋남이었다고 저는 생각합니다.

신행정수도

그다음 떠오르는 어긋남은 신행정수도입니다. 이것은 원래는 어긋난 게 아니었어요. 노 대통령은 이걸 선거공약으로 냈고, 충청권에서 압승했고, 수도권에서도 이겼어요, 수도권 시민들도 받아들였다는 뜻입니다. 국민적 합의가 대선을 통해 이루어졌다고 봐야겠죠. 그런데 헌법재판소에서 어긋나게 만들었습니다. 위헌 판결을 하고 싶은데 근거가 없으니까 《경국대전》을 가지고 왔어요. 아니, 대한민국이 조선이에요? 관습헌법이라니, 언제부터 관습입니까? 대한민국 정부 수립이 1948년인데, 몇십 년 되지도 않았는데, 그게 무슨 관습이야? 그런 비판을 예상하고《경국대전》을 끌고 온 거죠. 그러니까 555년 전 만든 조선의 법령을 근거로 관습헌법론을 꾸며내고, 그걸 근거로 신행정수도를 충청권에 건설하는 것을 위헌이라고 결정한 겁니다. "신행정수도를 만들려면 먼저 헌법을 개정하라!" 그렇게 말한 셈이죠.

헌법에 "수도는 법률로 정한다"는 문장을 넣으면 됩니다. 지금 다시 헌법재판소에 가져가면 판결이 다르게 나올 수도 있죠. 하지만 논란을 완전히 없애기 위해서 언젠가 헌법을 개정할 때 수도는 법률로 정한다는 문장을 넣어 주는 게 좋겠어요. 국회에서 수도에 관한 법률을 만들고 수도를 세종시로 하면 되는 거죠. 신행정수도 문제는 헌법재판소 결정에 대해서 국민들이 잘못했다고 여론으로 확 밀어줬으면 뭘 더 할 수는 있었겠죠. 그런데 이명박 정부가 들어섰고, 헌법재판소 결정이니까 받아들여야지, 여론이 그렇게 흐른 탓에 행정 중심 복합도시인가 뭔가 해서, 열 걸음 후퇴한 지금의 세종시가 된 겁니다.

노무현 대통령은 일 욕심이 어마어마하게 많았던 분인데, 한미 FTA나 국민연금법 개정 이런 몇 가지를 제외하고는 어느 하나도 온전하게 매듭을 짓지 못하고 임기를 마치셨어요. 대통령이 국민과 소통하려면 미디어를 장악한 신문 방송을 통해야만 했는데, 언론이 자신의 권력과 이익을 지키려고 특정한 방향으로 여론을 유도하고 대통령 국정수행 지지율을 떨어뜨렸기 때문에 정부가 혁신의 동력을 키워나가기 어려웠어요. 노무현 정부의 개별 정책들은 대부분 국민 과반의 지지를 받았습니다. 하지만 대통령 국정수행 지지율은 그 반도 나오지 않았어요. 그런 조건에서는 정부가 힘 있고 빠르게 정책을 추진하기가 어렵지요. 그래서 신행정수도와 혁신도시 사업은 대통령이 원했던 만큼 진도를 나가지 못했습니다.

대연정

소위 대연정 파문도 빠뜨릴 수 없는 어긋남의 사례입니다. 지금 생각해도 말이 되지 않는 사태였어요. 그때 제가 열린우리당 최고위원이었어요. 당 대표 선거를 해서 1등은 당 대표를 하고 2·3·4등은 최고위원을 하는 제도였는데, 문희상 의원이 당 대표였죠. 대표실에 최고위원 회의를 하러 갔는데 다들 신문을 펴고 계신 거예요. 저는 그때까지 몰랐어요. 어떤 신문이 특종 보도를 한 것이라서요. 보니까 신문 일면에 대문짝만하게 대연정 기사가 나 있었어요.

저는 대통령한테 언질을 받은 적도 없고 사전에 알지도 못했지만 읽어보니까 왜 그러셨는지 알겠더라고요. 보궐선거에서 져서 과반수가 무너졌을 때예요. 그러니까 민주노동당하고 소연정을 하든가, 아예 한나라당하고 대연정을 해야 입법을 할 수 있으니까 그런 고민을 하셨던 거죠.

그냥 권력을 공유하자는 게 아니고 조건이 있었어요. 지역 구도를 타파할 수 있는 국회의원 선거구제 도입, 대통령 4년 중임제 개헌 등을 포함한 정치개혁 방안을 함께 논의하면서 새로운 제도에 따른 총선을 할 때까지 함께 국정을 책임지자는 제안이었죠. 찬성하는 세력이 없었어요. 여당은 여당대로, 야당은 야당대로, 여당 지지자는 여당 지지자대로, 야당 지지자는 야당 지지자대로. 참 나쁜 대통령이다, 국정 팽개치고 정

개항도시 인문학에 참가한 시민들이 유시민 작가 강연 '대통령 노무현을 말하다'를 경청하고 있다.

치 놀음만 한다, 전부 그랬습니다. 지지율이 더 떨어졌죠. 여당 안에서부터 난리가 났어요. 엄청나게 중대한 어긋남이었습니다.

 그런데 세월이 지나면서 모든 게 믿기 어려울 만큼 달라지더군요. 문재인 대통령이 당선한 대선이었죠. 박근혜 탄핵으로 치른 조기대선 민주당 경선이었어요. 충남지사 안희정 경선 후보가 야당과의 연정을 암시하는 발언을 하니까 인기가 막 올라가는 거예요. 이게 뭐지? 처음에는 이해할 수 없었어요. 현직 대통령이 국정 운영을 안정감 있고 정치개혁을 이루려고 대연정 얘기를 했을 때는 비난하느라 난리를 쳤는데, 왜 이제는 통합의 리더십이라고 추켜세우는가? 이해가 안 되는 겁니다. 그렇다면 지금은 그런 얘기가 왜 안 나오는가? 더불어민주당이 압도적 다수 의석을 갖고 있으니 연정 얘기는 할 필요가 없죠.

민주당은 의석이 부족하던 시기에는 비교섭단체 정당들과 연합해서 국회를 운영했습니다. 21대와 22대 총선은 연합비례정당을 만들었고 최근에는 비상계엄 해제와 윤석열 탄핵 등 내란 극복에 힘을 모았죠. 6·3 조기대선이 끝난 뒤에도 그럴 겁니다. 연합정치는 옳은 일이라서 하는 게 아닙니다. 필요해서 하는 것이지요. 내란 극복을 위해서 협력한 것을 토대로 삼아 민주당 아닌 정당 인사가 입각을 하는 것을 생각할 수 있고, 경제 회복을 위한 입법 작업에 협력하는 것도 얼마든지 가능합니다. 노선이 비슷한 정당과 정치 세력이 연합해서 정부와 국회를 이끌어가는 소연정은 자연스럽게 받아들여지는 사회가 되었습니다.

조국혁신당 정치인이 입각한다면 이상하다고 할 사람이 없겠죠. 잘했네 할 겁니다. 국민의힘 쪽 누군가를, 예전 그 정당에 있었던 사람 누군가를 유능하니까 장관으로 쓰겠다고 해도 다 환영할 분위기예요. 그때는 안 그랬습니다. 대연정 얘기를 꺼낸 순간 야당은 의도를 비난했죠. 여당은 대통령이 배신했다고 욕했어요. 노무현 대통령도 나중에는 괜히 했다고 후회하셨습니다.

평화통일

노무현 대통령이 북한 핵 문제 해결을 위해 평양에 가서 김정일 위원장 만나 10·4 선언을 하고 서해에 공동어로구역 설정하는 등의 합의를 했죠. 그런데 한나라당 인사들이 정상회담 대화록을 공개해서 이명박 정부 때 시끄러웠습니다. "북한에다 퍼줘서 핵무기 미사일 만들었다." 이런 헛소리를 끊임없이 퍼뜨리는 정치 세력이 있죠. 이건 원래 김대중 대통령의 햇볕정책에 대한 공격입니다. 우리 헌법에 대통령은 조국의 평화적 통일을 추진할 의무가 있어요. 전쟁하라는 얘기는 없습니다. 평화통일을 하는데, 자유민주적 기본질서 위에서 하도록 헌법에 나와 있습니다.

그러니까 우리는 북한식으로 통일하면 안 됩니다. 제3의 어떤 체제로 통일하는 것도 헌법 위반이에요. 완전히 체제가 다른데 우리 식으로 통일하겠다고 말하면 흡수 통일하겠다는 말입니다. 북한이 강력 반발하는 건 당연합니다. 우리 고민은 자유민주적 기본질서로 평화통일을 해야 되는데, 어떻게 하면 할 수 있냐는 것이죠.

김대중 대통령의 햇볕정책이 하나의 대답이었어요. "평화 공존하면서 교류하고, 가능한 것부터 천천히 하자." 낮은 단계의 연방제를 제안하신 것도 그런 맥락입니다. 노무현 대통령은 김대중 대통령과 달리 통일 얘기는 해봐야 긴장만 조성이 되지 득 될 게 하나도 없다고 생각했어요. 그래서 임기 내내 통일의 통 자도 꺼내지 않았습니다. 여러분들 잘 기억해보세요. 노무현 대통령이 통일 이야기하시는 것 들으신 적이 있습니까? 왜 그러셨을까요? "평화 공존과 상호교류·경제협력 이런 것들이 완벽히 정착되기 전까지는 평화통일이라는 말은 아무 의미가 없다. 평화통일을 이루는 최선의 방법은 통일 얘기를 하지 말고 전제가 되는 평화공존·상호교류·경제협력을 하는 것이다." 노무현 대통령 스타일의 햇볕정책이었다고 저는 생각합니다.

방법 문제에 관해서는 여전히 어긋남이 있다고 생각해요. 이것은 어쩔 수 없는 현상인데요, 우리는 독일과 다릅니다. 독일도 우리처럼 외세에 의해 분단되었습니다. 제일 먼저 국토가 분단되었죠. 연합국 4개국이

분할 점령했는데, 소련이 점령한 지역은 독일민주공화국이 되었습니다. 동독은 국호가 독일민주공화국DDR, Deutsche Demo-kratische Republik, 나머지 지역에 들어선 서독은 독일연방공화국BRD, BundesRepublik Deutschland이었어요. 그러니까 민주국가 서독 국호는 독일연방공화국, 독재국가 동독은 독일민주공화국이었죠. 그렇게 국가의 분단이 이루어졌습니다. 우리도 마찬가지였어요. 38선을 경계로 국토가 먼저 분단됐고, 남북에 각각 정부가 생겨서 국가가 분단되었어요.

그런데 독일은 우리와 달리 민족이 분단되진 않았어요. 전쟁을 안 했기 때문이죠. 우리는 북한이 침략해서 한국전쟁이 터졌고, 국제전으로 비화하면서 무려 300만 명의 사상자가 생겼습니다. 그 전쟁을 겪으면서 원한이 쌓였죠. 민족이 분단된 겁니다. 그래서 우리의 통일은 독일보다 훨씬 힘듭니다. 국가를 통일하고 국토를 통합하려면 먼저 민족을 통합해야 합니다. 그러려면 한국전쟁의 고통스러운 기억을 치유하는 과정이 있어야만 해요.

이런 이유로 노무현 대통령께서는 통일의 통 자도 안 꺼내시고 오로지 평화공존·상호교류·경제협력 이야기만 하셨던 겁니다. 근데 많은 국민이 이것을 대북 퍼주기라고 보았어요. 이 어긋남은 노무현 대통령 혼자만의 문제가 아니었어요. 김대중 대통령도 겪었고 문재인 대통령도 겪었고, 이재명 후보가 대통령이 되면 또한 겪게 될 겁니다. 이것을 어떻게 바로잡을 수 있을까요?

대선 예측

지금 국민들은 노무현 대통령을 좋아합니다. 어떤 사람들은 억울하게, 원통하게, 애통하게 돌아가셔서, 연민의 정 때문에 호감도가 올라간 것이라고 해석합니다만 저는 달리 봅니다. 만약 그렇다면 돌아가신 직후에 확 올라가고 시간이 지나면 옅어져야 맞거든요. 감정이라는 게 시간이 지나면 약해지지 마련이니까요.

그런데 노무현 대통령에 대한 호감은, 현직 대통령 포함해서 조사하기도 하고 전직만 조사하기도 하는데, 여론조사에서 지속적으로 상승했어요. 문재인 대통령이 포함되면서 살짝 옮겨간 면이 있지만 두 분을 합치면 또 계속 올라가요. 16년이 지나는 동안 국민들의 노무현 대통령에 대한 호감이 지속 상승한 이유가 무엇인지 저는 아직 잘 모르겠어요. 어쩌면 대통령께서 재직 중에 겪었던 어긋남, 대중과 지도자 사이의 어긋남, 국민과 대통령 사이의 어긋남, 이 어긋남이 교정되어 가는 과정일지도 모르겠다는 생각은 듭니다. 계속 상승할 순 없죠. 일정한 수준까지 가겠지요. 전직 대통령이 계속 늘어날 것이니까요. 최근에도 한 명 늘었지 않습니까.

걸그룹 아이브Ive 멤버 장원영 씨의 영어 이름이 비키Vicky인가 봐요. '럭키비키Lucky Vicky'●라는 말을 젊은 사람들이 한동안 많이 썼다고 하더군

● 아이브 멤버 장원영 씨의 사고방식과 태도를 상징하는 밈(meme)이다. Lucky와 장원영의 영어 이름 Vicky를 합친 말이다. 예를 들어, 빵집에서 원하는 빵이 매진되면 보통은 실망하지만 장원영 스타일 반응은 "덕분에 갓 구운 빵을 받을 수 있어서 더 좋아요!" 이것이 바로 럭키비키 사고방식이다. 현실을 직시하면서도 그 안에서 긍정적인 가능성을 찾아내는 태도를 팬들 사이에서 초월적 긍정 또는 원영적 사고라고 부른다.

요. 윤석열 정부가 원래대로 5년 갔으면 나라가 정말 어디까지 망가졌을지 모르는데 계엄을 한 탓에 2년 반 만에 끝났습니다. 계엄 이후 국민들은 엄청난 스트레스를 받았지만 6월 4일 새 대통령이 취임하게 되니까 럭키비키 맞습니다.

전직 대통령이 하나 늘었지만 전직 대통령 선호도가 달라질 가능성은 거의 없습니다. 2024년 봄 갤럽 조사를 보면 좋아하는 사람이 2.8% 정도였어요. 지금 하면 1% 나올까요? 갤럽에서 "전직 대통령 중에 누가 제일 좋아요?"라고 물어봤어요. 이런 조사는 의미가 있습니다. 노무현 대통령이 31%, 박정희 대통령이 24%로 1등 2등이었죠. 20년 전만 해도 박정희 대통령이 거의 40% 가까웠어요. 3등이 김대중 대통령 15%, 4등은 문재인 대통령 9%였고요. 다른 대통령들은 적게는 0.4%, 많게는 2.7%였습니다.

보수 진영에서 국민이 좋아하는 대통령은 박정희밖에 없어요. 돌아가신 지가 몇 년 됐습니까? 45년 넘었습니다. 일제강점기보다 긴 세월이 지났는데, 국힘당이 내세울 수 있는 대통령은 여전히 박정희 한 사람뿐이에요. 국민 네 명 중에 한 명이 제일 좋아한다는 것은 의미가 있어요. 무시하면 안 되고 무시할 수도 없고 무시하는 것이 옳지도 않다, 저는 그렇게 생각합니다.

저는 김대중·노무현·문재인 가운데 어느 한 분이 제일 좋다고 말하는 국민이 55%라는 사실을 눈여겨봅니다. 이번 대통령 선거에서 이재명 후보가 55% 넘게 득표하기를 바라며 그렇게 될 수 있다고 믿습니다. 선거운동을 하는 게 아니고 그저 전망하는 겁니다. 박정희 대통령이 좋다고 말하는 사람이 24% 있잖아요. 여기가 미니멈이에요. 국힘당의 최소치, 그러니까 김문수 후보가 아무리 못 받아도 25%는 득표합니다. 35% 얻을 수도 있고요. 그러면 나머지 후보들이 10% 정도 표를 얻겠죠.

갤럽의 대통령 선호도 조사 데이터에 의거해서 말하면 55%, 35%, 10%가 의미 있는 전망치입니다. 전직 대통령 선호는 응답자의 주관적 정체성과 관계가 있습니다. 대통령은 널리 알려진 인물이고, 그 사람이 어떤 인생을 살았는지 국민들이 압니다. 각자 대통령들의 공과를 평가하고 어떤 감정을 느끼지요. 어떤 대통령을 좋아한다는 것은 자신도 그런 사람이 되고 싶다는 뜻입니다. "노무현·문재인·김대중과 같은 사람이 되고 싶어"라고 생각하는 국민이 55%라는 것은 정치적으로 중요한 사실입니다. 이 비율에 따라 보수·진보의 균형이 바뀌거든요.

진보 진영 대통령을 좋아한다고 응답한 사람이 50%를 넘겼을 때 문재인 대통령이 집권했어요. 정당기호 1번을 민주당이 언제 가져왔죠? 김대중 대통령은 기호 2번으로 당선됐어요. 노무현 대통령도 마찬가지였어요. 2002년 대선 때 방송 광고 슬로건 기억하시나요? '두 번 생각하면 노무현이 보입니다.' 문성근 씨 음성으로 나갔습니다. 민주당 후보 기호는 언제나 2번이었어요. 그랬던 민주당이 2016년 총선 때 1번을 처음으로 가져왔죠. 안철수 씨와 박지원 씨가 국민의당을 만들어서 호남을 석권했는데도 수도권에서 압승하고 충청권에서 선전해서 123석을 얻었어요. 한 석 차이로 원내 제1당이 됐죠. 1번을 가져온 게 10년밖에 안 됐습니다.

민주당 출신 노무현·김대중 두 분에 대한 선호도가 절반 수준이 되었

유시민 작가 '대통령 노무현을 말하다' 강연이 진행되는 동안 참가한 시민들은 때로 웃고 때로 진지한 표정을 지으면서 강연에 몰입했다.

을 때였습니다. 그다음 두 번의 총선에서 민주당은 170석 넘는 압승을 거두었고, 다시는 기호 1번을 빼앗기지 않았어요. 예측할 수 있는 미래에는 다시 빼앗기지 않을 겁니다. 예전에는 민주당이 엄청나게 운이 좋고 잘해야 선거를 이겼어요. IMF 경제위기가 터졌고 경선에서 탈락한 이인제 씨가 신당을 만들어 출마해 500만표를 깨 먹었는데도 김대중 후보가 겨우 30만 표 정도 이겼습니다. 이인제 씨가 영남에서만 300만 표를 가지고 갔는데도 간신히 이겼어요. 하늘이 도운 것이죠. 노무현 대통령도 정몽준 씨하고 단일화하고, 정몽준 씨가 단일화 파기하고, 그런 우여곡절을 겪으면서 겨우 득표율 2%p 차이로 당선했죠. 대한민국은 웬만하면 보수당이 전국선거에서 이기는 나라였어요. 민주당이 엄청나게 노력하고 운까지 따라야 그저 조금 이길 수 있는 사회였어요. 이런 시대가 끝난 게 2016년, 겨우 10년 전입니다. 노무현·문재인·김대중 가운데 한 분이 제일 좋다고 하는 유권자가 절반을 넘어선 시점에 일어난 변화입니다. 이제는 민주당이 전국선거에서 지더라도 아슬아슬하게 지고, 이길 때는 엄청나게 이기는 시대입니다. 모든 조건이 국힘당에 유리해도 국힘당은 겨우 이겨요.

노무현 대통령께서 현직에 계실 때 겪었던 어긋남은 국정 운영의 모든 분야에서 대통령의 정치 행위의 모든 영역에서 벌어졌습니다. 모든 영역에서 국민과 대통령 사이에 불화가 있었다면 책임이 누구한테 있을까요? 당연히 대통령한테 있죠. 정치하는 사람한테 주로 책임이 있죠. 2000년 총선 때 부산에서 낙선한 노무현 후보는 그렇게 말했죠. "농부가 밭을 탓하겠는가." 그것이 정치인 노무현이 국민을 대하는 자세였어요. "뭐가 잘못되면 내 책임이다."

저는 정치인이 아니라 비평하는 사람이니까 다르게 말하겠습니다. 밭도 책임이 있다고 생각합니다. 농사꾼의 계획과 노력이 밭의 상황과 어긋나면 농사를 망칠 수 있지요. 그런데 국민은 밭이 아닙니다. 주권자입니다. 주권자가 정치의 수준과 정부의 수준을 궁극적으로 결정합니다. "모든 민주주의는 자신의 수준에 맞는 정부를 가진다"는 말이 괜히 나온 게 아니라는 말입니다.

소프트파워

노무현 대통령이 돌아가시고 16년을 지나오는 동안 보수의 옥토 일부가 보수의 자갈밭으로 바뀌었습니다. 민주당 쪽에서 보면 자갈밭이 옥토로 변했다고 할 수 있죠. 저는 그런 변화에서 정치인 노무현, 대통령 노무현의 존재를 느낍니다. '노무현 없는 노무현의 시대'를 향한 여정이

16년 동안 이어져 왔다는 것이지요. 아직 그 시대가 오지는 않았어요. 그렇지만 대통령이 청와대에서 겪으셨던 어긋남이 교정되어 가고 있다고 느낍니다. 왜 이런 걸 하시지 않고 저런 쓸데없는 걸 하시지? 왜 국민을 돌보지 않고 자기 하고 싶은 것을 하지? 그렇게 생각했던 국민들이 그때와는 다른 판단을 한다는 걸 저는 감지합니다. 아, 그게 꼭 해야 할 일이었구나. 대통령 자신이 아니라 우리를 위해서 하려고 한 것이었구나. 그렇게 이해하게 되었다는 겁니다. 지난 16년은 노무현 대통령과 대한민국 국민 사이에 어긋남이 조금씩 해소되어 온 시간이었다는 말이지요.

"세상을 바꿨다고 생각했는데 돌아보니 물을 가르고 온 것 같다." 노무현 대통령의 이 말씀은, 제가 생각하기에, 맞지 않는 말입니다. 세상이 예전으로 돌아간 것처럼 보였지만 겉으로만 그렇게 보였을 따름이지 돌아간 게 아니었어요. 대통령께서 생존해 계셔서 이명박이 어떻게 임기 말까지 갔는지, 박근혜 당선과 탄핵이 어떻게 이루어졌는지, 남북 관계와 한미 관계와 북미 관계가 어떻게 달라졌는지, 한국 문화가 어떻게 세계로 퍼져 나가는지 보셨다면 생각을 바꾸셨을 겁니다. 노무현 대통령 때 스크린 쿼터 폐지 때문에 문화인들이 크게 항의를 했잖아요. 그때 노무현 대통령께서 말씀하셨어요. "우리가 뭐든 마음먹으면 다 잘하는 국민인데, 왜 자신이 없습니까? 지금까지 다 잘했잖아요. 드라마와 영화도 잘할 수 있지 않습니까?" 그것도 영상이 남아 있어요.

이재명 후보가 문화 강국 건설을 장기 목표로 삼았습니다. 제가 1년에 두 차례 유럽여행을 가는데요. 가는 곳마다 한국 식당이 많아졌어요. 중국 사람이 하는 곳이 많다고 하더라고요. 한국 식당, 장사 잘된다고 해요.

한국 식품점도 손님이 많고 가공 식품 수출도 어마어마합니다. 소주도 많이 팔린답니다. 한국 영화 보면 녹색 병에 든 술을 마시면 주인공이 감추었던 진실을 말하잖아요. 저 녹색 병에 든 게 도대체 뭐냐? 외국 사람들이 궁금해한답니다. 문화산업의 발전과 더불어 한국이라는 브랜드의 가치가 올라가는 현상을 우리가 실시간으로 목격하고 있는 거예요.

우리 미래에 어떤 일이 생길지 모르지만 지금은 소프트 파워의 시대입니다. 군사력이나 인구나 경제력으로 상대방을 압박해서 굴복시키는 것이 하드 파워이고, 다른 사람들이 우리의 것을 자발적으로 받아들이게 만드는 힘이 소프트 파워입니다. 그리고 소프트 파워의 핵심이 문화입니다.

한국 사회는 여러 우여곡절에도 불구하고 노무현 대통령 시절에 겪었던 대통령과 국민 사이에 어긋남을 스스로 치유해 왔다고 저는 생각합니다. 역사 전체를 이런 식으로 볼 수는 없지만, 적어도 노무현 대통령만큼은 이렇게 해석해야 국민의 선호도가 계속 상승하는 현상을 이해할 수 있기에 드리는 말씀입니다.

이것은 대통령이 돌아가신 과정에서 우리가 느꼈던 애통함과는 별개의 문제입니다. 노 대통령은 정말 중요한 우리 사회의 과제들에 대해서 말했습니다. 해결하지는 못했지만 어떤 문제가 있으며 해결할 때 적용해야 할 원칙이 무엇인지에 대해서 분명하게 자신의 생각을 밝혔어요. 긴 시간이 흘렀지만 그 문제의식과 해결의 원칙은 빛이 바래지 않았어요. 여전히 경청할 만한 가치가 있습니다. 국민이 그렇게 생각하기 때문에 호감도가 지속 상승하는 것이 아닌가, 그게 저의 해석이에요.

모든 어긋남을 다 치유하면 노무현 대통령이 내세웠던 구호의 의미를 우리가 온전하게 이해할 수 있으리라 저는 믿습니다. 그때는 '국민이 대통령입니다'라는 슬로건을 그저 듣기 좋으라고 하는 말인 줄 알았지요. 아까 함께 본 영상에서 대통령이 말씀하셨지요. "사회의 발전, 사회의 진보라는 것은 시민들 한 사람 한 사람이 앞으로 나아가는 그만큼 나아갑니다." 그게 대통령의 생각이었어요. 제가 마지막으로 개인적으로 뵀던 때 저한테 하신 말씀도 그랬습니다. "대통령은 사회의 진보를 이루는 데 적절한 자리가 아닌 것 같아요." 그렇게 말씀하셨어요. 국민들과 많은 불화를 겪은 대통령이었죠. "대통령은 사람들이 인식하고 원하는 것을 해줘야 하는데 나는 내 생각에 나라와 국민에게 필요한 일을 하려고 했던 것 같다." 그런 생각을 담은 말씀이었어요.

해석을 더 상세하게 하면 이런 말이었죠. "대통령이 나처럼 하면 힘들어집니다. 사람들이 원하는 걸 해주세요. 나라와 국민에게 진짜 필요하지만 국민이 인지하지 못하고 있는 과제에 대해서는 밖에서 말해야 합니다. 그것만 해서는 안 됩니다. 이런 것을 해야 합니다. 누가 밖에서 그런 말을 하고 국민이 들어야 대통령이 사회 진보에 기여할 수 있어요."

2009년 4월 20일 마지막으로 둘이 만났을 때 그렇게 말씀하셔서 제가 여쭈었어요. "그럼 정치는 누가 합니까?" 대통령께서 말씀하셨어요. "정치는 정치밖에는 잘할 수 있는 게 없는 사람이 하면 돼. 다른 걸 할 수 있는 사람은 다른 걸 하는 게 사회의 진보를 위해서 더 큰 기여가 될 수도 있어. 당신은 글도 잘 쓰고 말도 잘하니까 책 쓰고 강의하고 젊은이들과 소통하는 게 좋지. 그렇게 할 수 있는 사람은 그렇게 하고, 나는 그런 거

못 해 나는 정치로 할 거야, 그런 사람은 정치를 하면 되는 것이지." 요즘 그 생각 많이 하는데요. 대통령 혼자서는 아무것도 못 해요. "국민이 대통령입니다"라는 말은 그냥 하는 말이 아니에요.

결국 윤석열 씨도 국민을 못 이겼잖아요. 뽑아서 대통령을 올린 것도 국민이었고, 끌어내린 것 역시 국민이었어요. 민주당이 끌어내린 게 아니에요. 국민이 끌어내린 것이죠. 노무현의 시대는 국민 대다수가 대통령과 같은 자부심과 책임의식을 느끼면서 우리 사회에 대해 생각하고 판단하고 발언하고 선택하는 세상을 가리키는 말입니다. 그러니 노무현의 시대는 영원히 오지 않을 수도 있습니다. 하지만 저는 우리 국민이 그런 시대를 맞아들일 능력이 있다고 믿습니다.

노무현 대통령은 디지털 시대 첫 대통령이셔서 온라인에 정말 많은 자료가 있습니다. 궁금하시면 여러분도 참고하시고요. 제가 혼자 말하는 시간은 여기서 마치겠습니다. 많은 질문을 받을 수는 없을 것 같군요. 시간 되는 만큼 최대한 해보겠습니다.

질문 1 ― 청중

이 자리에 앉아서 작가님 말씀을 듣게 돼서 정말 영광입니다. 저는 노무현 대통령님을 떠올릴 때 가장 선명하게 떠오르는 두 순간이 있는데 하나는 한 손을 번쩍 들고 "이의 있습니다!" 하던 때, 그리고 또 하나는 자이툰부대 방문하셔서 사병들의 환호를 받으시던 그 모습입니다. 두 장면이 가장 선명하게 떠오르고 대통령 노무현, 정치인 노무현, 인간 노무현의 가장 본질적인 모습을 보여주는 장면이라고 생각해요.

유시민 작가께서 노무현 대통령을 떠올리면 저처럼 이런 어떤 한 장면이 강렬하게 기억이 나는 그런 장면이 있으신지, 그리고 있다면 그 이유는 무엇인지 듣고 싶습니다.

답변 1 — 유시민 작가

아, 예, 비하인드 스토리를 말하라는 거죠? 대연정 때문에 소동이 난 뒤에 저희가 대통령 걱정이 돼서 몇 사람이 청와대에 갔어요. 당시 저는 여당 국회의원이었는데 아무런 공직이 없는 분들도 있었어요. 예컨대 문화부장관을 지낸 이창동 감독이나 공직 받기를 거부했던 문성근 씨, 그런 분들과 함께 대통령 걱정을 하면서 갔죠. 우리끼리는 '기쁨조'라고 했어요. 저녁을 먹고, 대통령께서 담배 한 대 피우시고, 여사님이 아 담배, 하면서 손으로 연기를 밀어내시다가 자리를 떠나시면, 우리도 같이 담배 피우고 이렇게 했어요.

　같이 둘러앉아서 원탁에서 밥을 막 먹는데, 사실 청와대 밥이 그렇게 맛있지는 않았어요. 조용하게 그냥 다들 밥을 먹었죠. 대통령께서 갑자기 숟가락에 탁 놓으시더니 앞을 딱 보시는 거예요. "왜 안 물어봐요?" 그러시더라고요. "뭘요?" "대연정 그런 거 왜 했냐고 안 물어봐요?" "저희는 그런 거 관심 없는데요." 본의와 다르게 정치적 소동이 일어나고 너나없이 막 비난을 하니까, 대통령이 왜 그랬는지 따지러 왔다고 생각하셨나 봅니다. 우리는 그걸 따지러 가는 게 아니고 괴로우실 거니까 맛있는 거 먹으면서 즐거운 얘기 하고, 두세 시간이라도 좀 즐겁게 해드리고 나오자, 하면서 간 겁니다. 그래서 '기쁨조'라 한 것이죠. 청와대에 어쩌다 가끔 갔는데 여당 정치인들은 제가 자주 청와대에 가서 대통령한테 아부하고 무언가 일러바친다고 오해하는 분들도 많았어요. 절대 안 그랬습니다. 대통령께서 힘드실 것 같다, 그럴 때 가서 맞담배 하면서 즐거운 얘기 하자, 그런 취지였고, 지금도 기억이 납니다. 고개를 다 들지 않은 채 눈을 탁 뜨시고는 말씀하셨죠. "왜 안 물어봐요? 왜 안 물어봅니까?" 약간 계면쩍어하면서도 또 할 말이 많아 보이는 특유의 표정이 있었어요.

여당 국회의원과 여당 간부들 초대해서 밥 먹는 자리가 종종 있었습니다. 최고위원이었으니까 저도 끼어서 갔죠. 의원들 중에 장관 하고 싶은 사람도 많이 있었어요. 어떤 분은 이해찬 총리한테 장관 시켜달라고 했다가 퇴짜 맞기도 했죠. "어느 장관을 하고 싶어요?" 총리가 물었을 때 잘못 대답해서 그랬다고 합니다. "아무 데나 좋습니다." 이해찬 총리는 그런 사람을 장관으로 제청하는 사람이 아니었어요, 하려는 일이 분명하고 충분한 능력이 있는 사람이라야 제청했죠.

청와대 오찬을 하면 여당 주요 간부들이 한 말씀씩 해요. 노 대통령이 제일 싫어한 것이 조중동 사설을 읊어대는 것이었어요. 조중동 사설에서 뭐라고 했는지 다 아셨거든요. 대통령이 이건 이렇게 하셔야 되고 막 얘기를 하는데 저는 속으로 아침에 조선일보 사설인데 어쩌나, 그런 생각을 했어요. 노무현 대통령 눈매가 약간 움직이면서 티를 안 내려고 막 노력하시는데 속으로 엄청 불쾌해하는 걸 저는 알았어요. 그래서 생각했죠. 저 사람은 장관 되기는 틀렸다.

지금도 약간 장난스러운, "왜 안 물어봐요?"라고 말씀하실 때의 그 묘한 감정이 담긴 표정이 떠오릅니다. 표정이 다채로운 분이셨잖아요. 저는 그 표정이 떠오릅니다.

질문 2 — 청중

강연 너무 잘 들었고요. 아까 말씀하시길 "정치는 정치하는 사람이 해야 한다"고 그리고 "다른 사람들은 각자 재능에 따라서 이바지하면 된다"고 대통령이 말씀하셨다고 전해 주셨어요. 저는 그때 어려서 제가 대통령이라는 존재를 처음으로 안 게 이명박 대통령 때였거든요. 제가 차츰차츰 커가면서 이제 주워듣고 읽으면서 알게 된 부분이 커요.

유시민 작가님이랑 네 분 강연자 여러분 같은 경우에 세상 속에서 제 자리를 잡으신 그런 느낌을 받았어요. 왜냐하면 제가 세상 속에서 제 자리를 찾는 그런 시기이기 때문에 그런 게 더 잘 보여요. 노무현 대통령님이 살아 계셨다면 세상 속에서 제 자리를 찾으셨을까요? 아니면 계셨던 그 자리가 그분의 '제자리'였을까요?

답변 2 — 유시민 작가

노무현 대통령이 저하고 열세 살 차이셨어요. 띠동갑에서 하나 많으세요. 46년생이시죠. 제가 59년생입니다. 그러니까 저한테는 큰형님이라고 하기에는 나이 차가 많이 났고요. 막내 삼촌 정도 느낌이었죠. 작은아버지라고 하기에는 젊고. 막내 삼촌 정도로 느꼈죠.

생존해 계시면 어떻게 하루하루를 보내고 계실까? 여전히 봉하마을에서 농사를 지으실 것 같고요. 자전거도 타실 겁니다. 손주들이 많이 커 버려서 뒤에 태우지는 못하시겠죠.

백 퍼센트 제가 확신하는데 유튜브는 하실 겁니다. 한 달에 한 번 정도는 제가 진행하는 〈알릴레오 북스〉 같은 데 출연도 하셨을 거예요. 그런 거 되게 좋아하시거든요. "한 달에 한 번 정도는 나 나갈래" 하셨을 것 같아요. 책을 읽고 그 책에서 느낀 점에 대해 이야기하는 걸 좋아하셨거든요.

그것 때문에 약간 문제도 있었어요. 제가 보건복지부 장관 부임하고 한 석 달쯤 지났을 때 6가지 개혁과제에 대해서 일괄해서 대면보고를 드리는 때였어요. 암 환자, 희귀 난치성 질환 환자들 산정특례 이거 해서 5%로 낮추고 5세 미만 아동들 입원비 무료로 해주고, 건강보험 혜택 많이 늘리는 것도 있었고요. 국민연금법 개정해서 급여 수준 깎고 보험료율을 올리는 방안, 한미 FTA에 대비해서 미리 건강보험 약가제도를 통제 가능한 시스템으로 바꾸는 방안, 장애인 LPG 지원 종료하는 문제를 비롯해서 개혁 과제가 많았습니다. 영리 의료법인 허용 여부 문제도 있었어요. 최종적으로 저희가 결론을 내렸습니다. 특히 영리 의료법인은 허용해 봐야 아무 의미가 없다, 문제만 많다, 해서 그걸 안 하기로 최종 결정했을 때예요.

근데 시간을 한 시간 반 잡아 놨는데 한 40분 만에 다 끝났어요. 노 대통령은 되게 머리가 좋은 분이셨어요. 게다가 대통령 하시면서 계속 고급 보고를 받으셨어요. 조선시대로 치면 왕이 경연을 통해 계속 공부해서 내공을 높인 것이나 마찬가지였습니다. 최고 수준의 보고서를 받으시기 때문에 웬만한 정책은 장관만큼 세세히 알지는 못하셔도 웬만큼 다 아세요.

보고할 때 보고서 1쪽부터 막 읽으면 싫어하세요. 나를 무시하나, 그러시는 것이죠. 복지부에서는 보고를 20분으로 잡았는데 10분 만에 끝냈습니다. 1쪽은 다 아시는 내용이고 2쪽은 중간부터 보시면 돼요. 영리법인 안 됩니다. 안 되는 이유 첫째 둘째 셋째 넷째, 그렇게 넘어간 거예요. 그래서 10분 만에 다 끝냈습니다. 영리병원 이거 결론 낸 거요? 예, 낸 겁니다. "이거 이렇게 안 되는 것 같으면 안 된다고 진작 얘기를 해주지. 이거 검토하라고 지시한 게 언젠데. 국회에서 통과가 안 되는 거예요?" "절대 안 됩니다. 통과돼도, 법 만들어도, 이미 재벌 회사들은 다 병원이 있어서 새로운 병원이 나오지도 않습니다. 그리고 의료 서비스 무역적자는 1년에 100억 원도 안 됩니다. 해외 환자 유치 사업 시작하면 금방 흑자로 전환합니다."

이렇게 쭉 보고를 드렸어요. 그렇게 너무 일찍 끝나 버려서 30분이 남았습니다. 그래서 차를 마셨어요. 차 드시면서 대통령이 말씀하셨죠. "내가 어제 책을 읽었는데 로하스 있잖아요. 자연 속에서 자연 친화적으로 느리게 사는 삶." 그러시면서 내용을 말씀하시고, "그 경제성장이라는 걸 꼭 해야 되는 게 아니라고 하던데?" 하시는 겁니다. 제가 말했습니다. "대통령님, 좋은 내용인데요. 그런 것은 퇴임하신 다음에 하시고요. 재직 중에는 언제나 경제성장은 중요하다고 말씀하셔야 됩니다." "그래요?" "당연하죠. 퇴임하고 하십시오. 얼마 남지도 않았는데." 그렇게 대화를 주고받았던 기억이 나요. 그러니까 살아 계셨다면 책 읽고 지적인 호기심을 충족하고 다른 사람들한테 내가 생각하는 게 맞는지 물어보고 이야기 나누고 〈알리레오 북스〉에 고정 출연, 틀림없이 하실 것 같다는 생각이 들어요. 그런 걸 너무너무 좋아하는 분이셨어요.

정말 책을 좋아하셨습니다. 일화를 하나 말씀드리면 2004년 4·15 총선에서 열린우리당이 151석 얻고 나서 당선자들을 청와대 영빈관에 초대해서 저녁을 주셨어요. 끝날 때 종이 쇼핑백을 하나씩 주시더군요. 다들 농협 상품권이라도 들었기를 기대하면서 거기서 열어 볼 수는 없으니 그냥 들고 나왔습니다. 대통령께서 탄핵으로 직무가 정지된 동안 책을 많이 읽으셨는데 그중에 제러미 리프킨의 《노동의 종말》이 있었어요. 굉장히 중요한 의제를 담고 있다고 생각해서 제17대 국회의원이니까 이 책 정도는 읽고, 우리 노동시장의 문제에 대해서 고민해 보라고 주셨던 것이죠. 많은 의원들이 나오면서 농담 삼아 말하더군요. "농협 상품권도 없네!" 후보 시절 설렁탕도 안 사던 분인데 농협 상품권 주시겠어요? 그 정도로 책을 좋아하셨어요. 그렇게 떠나지 않으셨다면 틀림없이 책과 관련된 일을 무언가 하고 계실 가능성이 많다고 생각합니다. 유튜브 방송하셨으면 구독자가 500만 명은 되지 않았을까요?

질문 3 — 청중

처음에 유시민 작가님이 입장하실 때 기존의 TV 브라운관에서 뵙는 거보다 더 멋있다, 정말 그런 느낌을 받았고요. 저는 개인적으로 유시민 작가님께 여쭙고 싶은데 '국민이 대통령이다'는 말처럼 저는 제 자리에서 저의 이야기를 담아서 저의 역사를 만들기 위해서 열심히 살려고 노력을 합니다.

제 바람이라면 유시민 작가님이 정치도 해보셨고 제일 잘하는 건 말하는 거와 강의시지만 다시 한번 정치를 하셨으면 하는 바람이고요.

검찰개혁과 언론개혁을 말씀하셨는데, 교육개혁도 필요한 부분인데 그런 부분에서 젊은이들이나 어린이들을 위해서 조금 더 힘을 써주셨으면 하는 바람과 또 어떻게 생각하시는지 얘기를 듣고 싶습니다.

답변 3 — 유시민 작가

지난번에 대법원에서 갑자기 5월 1일에 선고한다고 했어요. 2심의 무죄 선고 법리를 엎으려면 심리에 시간이 걸릴 텐데 이렇게 빨리 하는 걸 보니 상고 기각인가 보다, 사람들은 막 좋아했어요.

저는 불안했거든요. 이거 이상한데 그럴 것 같으면 대통령 당선되는 경우에 재판 중지한다 하면서 그냥 갖고 있으면 되지 뭐 하러 저렇게 서둘러 가지고 며칠 만에 그걸 할까 그랬는데, 그걸 정말 파기환송을 하더라고요.

그 발표문을 보면 비문투성이예요. 라이브로 보셨죠? "저 인간 지금 뭔 말을 하는 거야? 대법원장이 지금 뭐라고 하는 거야? 뜯어보니까 결국 유죄라는 뜻이네. 근데 무슨 말을 하는지 모르겠어"라고 한 분이 많았어요. 논리가 형편없었고 논거도 없는 판결문이었죠. "내가 보니 이재명은 거짓말쟁이야!" 그냥 그렇게 말한 겁니다.

다음 날 고법으로 돌려보내자, 서울고법은 재판부 배당하고, 공판 기일 잡고, 집행관한테 송달 촉탁하는 데까지 하루에 모든 일을 다 해치우더라구요. 돌았다고 생각했어요. 며칠 후에 재판 연기하면서 대통령 후보로서 균등한 선거운동 기회를 누릴 수 있게 하려고 그랬다고 설명했는데, 그럼 그것을 5월 2일에는 몰랐냐고요? 형사합의 7부 판사들이 그걸 몰랐어요? '후보 등록하였으므로' 그게 말이 돼요? 그게 그러니까, 서울고법 파기환송심 재판부가 급히 뭔가를 하려다가 못 하게 된 거죠.

그때 제가 많은 분들에게 연락을 받았는데요. 제가 무소속 후보로 등록을 해야 한다는 겁니다. 어떤 분은 문자로, 당신이 무소속으로 등록을 하고 이재명 후보가 잘못되면 다 죽여 버린다고 말하래요. 이재명에게 무슨 일이 생기면 내가 이재명 지지자의 표를 받아서 대통령이 될 거야. 국민통합 같은 것은 할 생각이 없어. 윤석열이 이재명한테 한 것보다 더 세게 복수할 거야! 이렇게 말을 하래요. 제가 대통령 되라고 그 말을 한 게 아니에요. 어떻게 하면 저쪽에서 이재명을 못 죽이게 할까 고민해서 한 이야기였어요. 유일한 방법은 이재명을 죽이면 더 못된 놈이 온다. 그래서 제가 후보 등록만 하는 게 아니라 말도 그렇게 해야 한대요. 다 죽여버리겠어, 내가 대통령이 되면 다 죽여버릴 거야! 이렇게 말을 하래요. 그러면 이재명이 살 수 있대요. 이재명이 확실히 살았다 싶으면 슬그머니 사퇴하랍니다. 입후보 기탁금 3억 원을 모아주겠대요.

제가 대답했습니다. "민주당에서 다 막을 거예요. 지금까지 무기를 안 써서 그렇지 우리 헌법이 국회에 준 무기가 많아요. 그걸 쓰면 어떤 재판도 6월 3일까지는 열리지 않을 거예요. 걱정하지 마세요. 믿어도 돼요. 믿는 자에게 복이 있나니!"

저는 공무원은 안 할 겁니다. 이재명 후보가 대통령이 되시면 젊은 사람을 많이 썼으면 좋겠어요. 노무현 대통령이 젊은 사람을 많이 발탁했거든요. 박선원 의원 비롯해서 맹활약 중인 민주당 국회의원 중에 그때 청와대 행정관 했던 이들이 한둘이 아닙니다. 젊은 사람들이 공직 문턱을 넘게 하고 경험을 쌓게 하고 능력을 키우게 하고, 그렇게 해야 그 뒷사람 뒷사람까지 자산이 생기거든요. 저는 이재명 대표가 저처럼 나이 많은 사람 쓰지 말고 본인보다 젊은 사람을 많이 썼으면 하는 바람을 갖고 있습니다. 제가 보건복지부 장관 될 때 마흔여섯 살이었어요. 지금 장관들 나이가 너무 많아요.

40대 후반밖에 안 됐는데도 장관직을 수행하는 게 육체적으로 힘이 들더라고요. 60대 후반 넘어간 사람이 총리 장관 해 가지고는 답이 없어요. 육체적으로 안 돼요. 흘러간 물로는 물레방아를 돌리지 못합니다.

다른 거는 모르는데 교육개혁에 대해서 저는 아무런 아이디어가 없어요. 저는 이게 미국의 총기 문제나 혹은 건강보험 문제 비슷한 거다, 좋은 아이디어가 없는 건 아니에요. 아무리 좋은 아이디어를 내도 집행이 안 돼요. 그래서 이거는 제가 참 뭐라고 할 말이 없습니다. 모르겠어요.

질문 4 — 청중

안녕하세요, 작가님? 인천에 와주셔서 감사합니다. 2010년 인하대학교에서 특강을 하신 적이 있는데 15년 만에 다시 뵈서 영광입니다. 탄핵 시국에 좋은 말씀과 글로 신경 안정제 역할을 해주셔서 진심으로 감사드립니다.

아까 〈국가비전 2030〉 관련해서 행정수도 말씀 주셨는데요. 부득이하게 노무현 대통령께서는 행정 중심 복합도시 조성을 통해서 균형발전을 추진하셨는데, 균형발전은 헌법에도 명시되어 있고 그렇게 한다면 정말 이상적 정책이라고 생각하고 정말 매력적인 용어라고 생각합니다. 작가님께서 유튜브나 이런 데서 언론개혁이 진짜 힘들다고 어렵다고 하신 것처럼 일해 보니까 균형발전도 정말 어렵다는 생각이 듭니다. 지방소멸도 더 심해져서 그렇게 된다손 치더라도 쉽지 않을 것 같습니다. 노무현 대통령과 참모나 노무현재단 등에서도 이러한 트렌드를 모르지 않으실 거라고 생각합니다.

국토균형발전과 관련해서 대화를 나누셨다거나 지방분권·지방자치 이런 거 관련해서 대통령께서 하신 비하인드 스토리나 얘기가 있다면 들어 보고 싶습니다.

답변 4 — 유시민 작가

중요한 문제를 지적하셨습니다. 준비는 했는데 내용이 너무 많아서 뺐

유시민 작가 '대통령 노무현을 말하다' 강연을 마친 뒤 청중이 균형발전에 대한 질문을 하고 있다.

습니다. 〈국가 비전 2030〉이라는 게 있었습니다. 노무현 대통령께서 민주당이 이런 목표를 가지고 정치를 하면 좋겠다는 소망으로 만들었습니다. 정부 공무원들을 모아서 만든 장기 국가재정계획이었습니다.

준비할 때가 2006년도였는데 25년 후 대한민국 정부의 재정 지출 구조가 어떻게 돼 있어야 하느냐, 어느 분야에 얼마를 써야 하고, 그렇게 바꾸기 위해서 어떤 제도를 어떻게 개혁해야 하느냐, 그런 질문에 대한 답이었어요. 국방 분야까지 다 포함한 것이었죠. 제도 개혁을 전제로 한 국가 재정 지출 계획을 2030년까지 내다보면서 만들었습니다. 국가를 제대로 운영하려면 장기계획을 세워야 합니다.

보건복지부 장관은 국민연금 운용위원회 위원장입니다. 되게 중요한 자리예요. 국민연금기금 적립금 규모가 1,200조 원이 넘었어요.

복지부에서 회의할 때는 대개 과천에 있는 작은 호텔이나 한식집 같은 데서 했어요. 국민연금 운용위원회 위원장으로서 회의할 때는 서울 강남 인터컨티넨탈 호텔에서 했죠. 제가 비싼 밥을 먹고 싶어서가 아니라 민주노총을 비롯한 가입자 위원들을 예우하려고 그렇게 한 겁니다. 보건복지부 장관이 신년 인사 모임 하자고 투자 운용사를 비롯한 금융권에 연락을 보내면 CEO 급만 60명 넘게 모였습니다. 그분들이 국민연금기금 적립금을 위탁받아 운용하거든요.

복지부에 가서 알았는데, 그때까지 중장기 자산 배분 계획이 없었어요. 그러니까 국민연금 기금이 현재 미국 국채를 얼마 가지고 있고 뭘 얼마 가지고 있고, 이런 것이 자산 배분인데 중장기 계획 없이 그때그때 투자를 해 온 거예요. 그렇게 하면 큰일 날 수 있는데도 말입니다.

예컨대 국내 자산만 갖고 있으면 나중에 지출이 많아질 때 다 팔아야 되기 때문에 국내 자산시장에 어마어마한 충격이 옵니다. 그래서 적립금 1,200조 원으로 전부 국내 자산만 취득하면 안 됩니다. 미국 정부 채권도 사고 외국 주식도 사고 개발도상국에서 도로·다리·건물도 사고, 그렇게 해서 나라 밖에 자산을 쌓아야 해요. 나중에 그걸 팔아 돈을 만들어 연금을 지급해야 국내 자산시장에 주는 충격을 줄일 수 있거든요, 중장기 자산배분안을 그때 처음 만들었죠.

25년 뒤 정부의 재정 규모가 얼마가 돼야 되는지, 국민들의 삶을 온전히 돌보기 위해서 각 분야별로 몇 %씩 돈을 써야 되는지, 그다음에 이 돈을 이렇게 효율적으로 집행하기 위해서는 현행 제도 중에서 어떤 것들을 어떻게 손봐야 되는지, 계획이 다 들어 있는 〈국가비전 2030〉을 발표했는데 여당 열린우리당 국회의원이 행사장에 한 명도 안 왔습니다. 제가 국회의원 겸직이었기 때문에 한 명은 있었던 셈이지만요. 그 정도로 당정 관계가 안 좋은 상태에서 발표를 했고요. 언론에서는 재원 대책 없는 장밋빛 공약이라고 다 폄훼해 버렸습니다.

국가 균형발전 관련한 일화를 하나 말씀드리면, 인구 소멸 지역이 생기는 게 불가피하다고 봤습니다. 막을 수는 없지만 속도를 늦추어 사람들이 생활할 수 있게 하려고 여러 대책을 논의했습니다. 다 말씀드릴 수는 없고 재미있는 것 하나만 소개하겠습니다. 농촌 지역 면 소재지에 집을 짓자. 보건소도 짓고 목욕탕도 짓자. 같이 짓자. 그때는 못 짓게 했어요. 동네 목욕탕 짓는 거는 행정자치부에서 돈이 나가고 보건소 짓는 거는 보건복지부에서 나가고, 따로따로 돈이 나가니까 같이 지으면 안 된다는 겁니다. 그런 멍청한 일이 어디 있나. 복지센터에 목욕탕을 같이 지어 놓으면 어르신들이 자주 목욕할 수 있잖아. 셔틀버스 돌리고 간호사 배치하고 혈압 재주고 해서, 미리미리 큰 병 안 생기게 관리하자. 자연부락이 다 소멸될 것이니 주거지를 면 소재지로 모아야 된다. 거기에 필요한 택지개발 계획을 세우고, 농사를 꼭 짓겠다는 분들은 셔틀버스로 아침저녁 출퇴근시켜 드리자. 그런 계획들을 2단계 국가 균형발전 계획이라는 명목으로 〈국가비전 2030〉 뒷부분에 넣어 놓았어요. 요즘 인구 소멸 예정 지역이라고 하는 경상북도 경상남도 전라북도 전라남도 같은 지역입니다. 그런데 이명박 정부 출범한 직후에 장기 재정계획을 수정했는데, 찾아보니까 싹 다 날려 버렸더라고요. 2단계 국가 균형발전 계획에 들어 있던 모든 계획을 다 백지로 만들어 버렸어요. 그러고는 회복이 안 됐어요. 문재인 대통령 때는 코로나19 사태 때문에 정신이 없어서 장기계획을 손을 볼 틈이 없었지요. 인구 소멸 지역이 생기는 건 피할 수 없습니다. 앞으로 두 세대 지나면 인구가 3000만 명 정도로 줄어들 거거든요. 긍정적 시나리오, 낙관적 시나리오, 비관적 시나리오 이렇게 나와 있는데 3000만으로 가는 거는 약간 비관적 시나리오 쪽이긴 합니다만, 저는 그게 현실이 되리라 봅니다.

낙관적 시나리오로 가도 3500만 명, 비관적으로 하면 3000만 명, 이게 2080년 인구 규모입니다. 21세기가 다 가기 전에 그렇게 됩니다. 이것은 지하수 수위가 내려가는 것과 비슷합니다. 우물이 마르고 밭에 가뭄이 들고 하는 현상이 생기는 거예요. 우리가 할 수 있는 건 속도를 늦추고, 인구 감소에 따라 생길 문제에 대응할 준비를 하는 겁니다. 막을 수는 없

'대통령 노무현을 말하다' 강연을 마친 뒤 북클럽 삼락구락부 회원들이 유시민 작가와 기념 촬영을 하고 있다.

습니다. 농촌 지역의 자연부락은 거의 다 소멸할 거예요.

그러면 어떻게 할 거냐. 인구가 그렇게 줄어드는 것에 대비해서 농업 계획은 그럼 어떻게 바꿔야 되냐, 주택 구조는 어떻게 가야 되냐, 교육제도는 어떻게 하냐, 국민연금은 어떻게 하냐. 그런 질문에 대한 답을 찾아야 합니다. 인구 변화에 적응하기 위해서 사회의 모든 제도를 적절하게 수정하는 것이죠. 우리 모두의 과제입니다. 정부가 2006년도에 〈국가 비전 2030〉 만든 것처럼 이제는 〈국가 비전 5060〉을 만들어서 30년 후의 상황에 대비해야 합니다.

노무현 대통령이 혁신도시를 만들었는데 주말에는 유령도시가 됩니다. 다들 서울에 살면서 주말에 퇴근하기 때문에, 없는 것보다는 훨씬 낫지만 효과는 아쉬움이 있죠. 후속 대책을 세워서 온전하고 일상적인 삶을 가능하게 하려는 노력을 해야 한다고 생각합니다.

근데 지금은 이런 얘기를 할 수 있는 상황은 아닌 것 같아요. 계엄 이후 한국사회의 문제가 너무 많이 드러났거든요. 우리 헌법에 '사회적 특수계급은 인정하지 않는다'고 나와 있는데도 검사·판사 등은 스스로를 특수계급으로 여기는 듯합니다. 범죄를 지어도 다 무죄 판결을 받고요. 자기들끼리는 형사소송법을 엄격하게 적용해서는 다 무죄 내리지요. 검찰은 수사를 제대로 하지도 않죠. 그러니까 한국사회는 특수계급이 너무 많은 것 같아요. 새 정부가 들어서면 빨리빨리 내란 뒷정리를 하고 경제회복 조치들을 하고, 중장기적으로 꼭 해야 할 개혁과제에 대한 사회적 논의에 착수하기를 기대합니다.

클로징 — 최석호 소장

이것으로 '대통령을 말하다' 제4강을 모두 마치겠습니다. 몰입해 주셔서 대단히 감사합니다.

제2장

대통령 **박정희**를 말하다

조갑제 기자

'대통령 박정희를 말하다' 강연을 마친 조갑제 기자와 참가자들의 기념 촬영.

인트로 — 최석호 소장

안녕하세요. 저는 복합문화공간 개항도시를 경영하고 있는 한국레저경영연구소 최석호 소장입니다. 만나 뵙게 되어 대단히 반갑습니다.

여러분은 대통령을 어떻게 생각하시나요? 오늘 4월 1일 제1강부터 5월 27일 제5강까지 격주 화요일 오후 7시 개항도시에서 누가 대통령이 되어야 하는지가 아니라 대통령은 과연 어떤 사람이어야 하는지 그리고 우리가 대통령을 뽑는다면 어떤 사람을 뽑아야 할지에 대해서 강연을 통해 알아보는 시간을 갖습니다. 노무현·박정희·김대중·김영삼 등 네 분 대통령에 관한 이야기를 통해서 살펴보겠습니다.

대한민국 역대 대통령 선거 벽보 - 제16대 노무현 대통령, 제15대 김대중 대통령, 제14대 김영삼 대통령, 제5대~제9대 박정희 대통령 (ⓒ 선거관리위원회)

오늘은 조갑제 기자께서 '대통령 박정희를 말하다'라는 주제로 강연을 하십니다. 1976년 연두 기자회견에서 박정희 대통령은 포항 앞바다 원유에 대해서 발표합니다. 그러자 조갑제 기자는 〈한국의 석유개발: 비공개 자료의 분석에 의한 전망과 제언〉이라는 소책자를 찍어서 배포합니다. 그리고 안기부에 불려갔다 왔습니다. 그다음 날 해직됐습니다.

 2024년에 윤석열 대통령은 포항 앞바다에 유전이 존재할 가능성이 있다고 발표했습니다. 당일 조갑제 기자는 '윤석열의 포항 앞바다 유전 가능성 발표와 박정희의 포항 석유 대소동이 겹친다'라는 제목의 기사를 올렸습니다. 이번에는 안기부에 끌려가지 않았습니다. 대신 오늘 박정희 대통령에 대해서 말씀해 주시겠습니다. 개항도시 인문학 시즌7 '대통령을 말하다' 조갑제 기자 "대통령 박정희를 말하다" 강연을 박수로 청해 듣겠습니다.

강연: 조갑제 기자, 대통령 박정희를 말하다

아주 과분한 그리고 아주 재미있는 소개를 받았습니다. 한국레저경영연구소하고 '대통령을 말하다' 시리즈 강연은 연관이 없는 것 같기도 하고 있는 것 같기도 한데 저는 레저란 말이 참 좋습니다. 레저는 즐기는 건데 즐기는 사람을 못 당한다는 이야기가 있습니다.* 즐기는 일을 즐겁게 하는 사람이 제일 유능한 사람이고 무서운 사람이지요. 작년에 한국레저경영연구소에서 개최한 토요예술책방에서 제가 황영웅 이야기를 강연하는 걸 계기로 최석호 소장을 알게 됐습니다. 그 뒤에 자주 만났는데 만나면 만날수록 재미가 있어요. 제가 배우는 게 많습니다. 그러다가 '대통

● 知之者 不如好之者 好之者不如樂之者 (아는 사람은 좋아하는 사람만 못하고, 좋아하는 사람은 즐기는 사람만 못하다)"《논어》제6편 雍也 제18장)

'대통령 박정희를 말하다'를 강연하고 있는 조갑제 기자. 조갑제 기자는 《박정희 전집》 13권을 집필했다.

령을 말하다'라는 기획을 하겠다고 해서 저게 잘 될까 했는데 여기 오늘 강사를 보니까 우리나라에서 구할 수 있는 아주 최고의 강사들을 어떻게 모았을까 하고 신기하게 생각을 합니다.

제2강 강연을 하는 오인환 장관이 쓴 《김영삼 재평가》도 조갑제닷컴에서 출간했습니다. 인연이 인연을 만들고 해서 제가 지금 이 자리에 앉아 있습니다.

저는 1945년생입니다. 일본에서 났어요. 1945년생이 54만 명 태어났습니다, 축복을 받으면서. 그래서 해방둥이라고 불립니다. 그런데 지금 54만 명 중에 저처럼 이렇게 살아 있는 사람이 몇 사람이냐, 한 어느 정도 될 것 같아요? 딱 반입니다. 27만 명이 살아 있습니다. 그리고 나머지 27만 명은 저승에 가 있습니다. 제가 났을 때 우리나라에서 영아 사망률이 한 30%됐어요. 그러니까 10명 태어나면은 3명이 죽는 거죠.

우리 집은 요새 산불로 유명한 청송입니다. 경북 청송에서 태어난 건 아니고 거기서 어린 시절을 보냈는데, 가끔 지금은 돌아가신 우리 누님들하고 만나면은 우리 어머니가 아이를 몇 명 낳았지 하는 토론을 합니다. 13명 낳았는지 12명 낳았는지 모르겠다는 거예요. 확실한 것은 그중에 6명이 살았어요. 이런 말씀을 드리는 것은 박정희 대통령이 1917년생입니다. 11월 14일, 저는 1945년생이니까 그 나이 차이가 28년입니다. 28년이면 같은 세대라고 봐도 됩니다. 30년을 한 세대로 보니까, 저는 박정희 대통령이 느꼈던 어떤 마음 그분이 겪었던 고생 이런 것을 이해할 수 있는 세대입니다. 이해할 수 있는 세대, 우리 아버지 세대이기도 하고 삼촌 세대에 가깝죠.

박정희 대통령이 돌아가실 때 마지막으로 한 말이 뭔지 아십니까? 이 세상에 남긴 마지막 말 "난 괜찮아"입니다. 가슴에 총을 맞고 관통상을 입고 등에서 피가 콸콸 쏟아지고 있었을 때, 그 옆에 있던 가수 누구죠? 심수봉, 신재순 여성 두 사람이 손수건 같은 것도 없고 손으로 그냥 막았습니다. 손가락 사이로 피가 샘솟듯 했다고 합니다. 차지철이 병풍 뒤에 숨어서 "각하, 괜찮습니까?"라고 물으니까 "난 괜찮아"라고 했습니다. 가슴에 관통상을 입고 피를 쏟으면서 "난 괜찮아"라고 한다는 게 이게 말이 됩니까?

그래서 도대체 무슨 뜻이냐고 제가 신재순·심수봉 두 분 그리고 그 자리에 있었던 김계원 비서실장한테 물어봤어요. 그게 무슨 뜻이냐고 말입니다. 대답은 똑같았습니다. "난 괜찮으니까 자네들은 피하게"라는 뜻이었다고 합니다. 신재순 씨가 당시에 느꼈던 감정도 "역시 대통령이 이런 위기 상황에서도 우리를 생각해 주는구나" 하는 것이었다고 그러더라고요. 자기가 살려고 하는 게 아니라 우리를 생각해 주는구나. 저는 그 말에 아주 깊은 인상을 받았습니다. 그게 바로 박정희라는 사람이거든요.

박정희는 가난한 사람, 약한 사람을 보면 동정심이 우러나는 사람이었습니다. 그 마음을 정책화해서 대한민국을 가난에서 벗어나게 했습니다. 이런 마음가짐은 마지막까지 이어져서 "난 괜찮으니까 자네들은 피하게"로 표현된 것이지요. 신재순이라는 분은 로스앤젤레스에서 음식점을 했습니다. "박정희 대통령의 마지막 모습은 어땠냐"고 물으니까 이렇게 이야기했습니다. "총 맞고 '난 괜찮아'라고 하는 모습이 체념한 듯하면서도 해탈한 듯하기도 했습니다." 생각을 아주 깊이 하게 하는 한마디였습니다.

최악 조건, 최소 희생, 최단 기간, 최대 업적

박정희 대통령은 예순두 살까지 사셨죠. 그런데 권력을 잡은 것은 1961년, 돌아가신 것은 1979년 그러니까 18년입니다. 18년 동안 박정희 대통령은 뭘 했느냐라고 하면 저는 한 문장으로 설명을 합니다. 최악의 조건에서 최소한의 희생으로 최단기간 내에 최대의 업적을 남긴 분이다.

통계가 있어요. 제가 찾아보니까 1961년 세계 1인당 국민소득 통계가 나옵니다. 그때는 지금처럼 200개 나라가 있었던 게 아니라 통계가 잡히는 게 103개 나라였어요. 103개국 중에서 한국의 국민소득이 93달러였어요. 87등이었습니다. 103개국 중에서 한국이 87등입니다. 가장 가난한 나라라고 보면 되죠. 가장 가난한 나라! 참고로 그때 제일 잘사는 나라는 2926달러, 미국이었어요. 근데 이스라엘은 지금 우리하고 비슷합니다. 우리보다 아마 1인당 국민소득이 낮을 거예요.* 이스라엘이 당시에 6등인데 1587달러, 일본은 26등인데 559달러. 뭐 이 정도는 다 이해하시죠. 심지어 아프리카에 있는 가봉이라는 나라도 우리보다 4배나 잘 살았어요. 말레이시아도 한국의 1인당 국민소득보다 3배나 많은 281달러. 지금은 가난에 시달리는 짐바브웨도 1인당 국민소득이 274달러로 한국의 3배. 필리핀은 당시에는 선망의 대상이었습니다. 필리핀으로 유학도 가고 했으니까요. 한국보다 3배나 많은 268달러로 49등입니다.

제가 고등학교 2학년 때 그때 남미로 이민을 많이 갔습니다. 박정희 대통령이 군사혁명으로 집권한 다음에 인구가 너무 많으니까 이민을 적극적으로 권장했어요. 저는 부산에서 살았는데 우리 아버지께서 "이민을 가자"고 하셔서 우선 여권용 사진을 찍기 위해 사진관에 가서 사진을 찍었던 기억이 생생하게 납니다. 그때 어디로 가려고 했느냐? 파라과이로 가려고 그랬어요. 그런데 다행히 여권 수속이 잘 안 됐어요. 그래서 지금 제가 여기 살고 있습니다. 파라과이가 그래도 그 당시에 우리보다 두 배 많았습니다.

박정희 대통령 집권 18년 동안에 시위 진압을 위해서 한 번도 총을 쏜 적이 없습니다. 18년 동안 얼마나 격렬한 민주화 시위가 일어났습니까! 화염병도 던지고 돌도 던지고 파출소도 습격하고 경찰차도 뒤집어엎고 했는데도 발포 명령을 내리지 않았어요. 그래서 시위 진압으로 단 한 사

● 국제통화기금(IMF) 통계에 의하면, 2025년 이스라엘 국민소득은 5만7760달러고 한국은 3만4641달러다(편집자 주). www.imf.org

람도 안 죽었습니다. 이거 기적 아닙니까? 미얀마는 지금도 시위 진압으로 하루에 수백 명씩 죽습니다. 18년 동안 철권통치라고 뭐 독재자라고 욕을 많이 하는데 발포 명령을 한 번도 안 내렸습니다. 그래서 제가 최소한의 희생으로 이런 거대한 변화를 이루었다고 하는 겁니다. 대한민국의 이런 변화를 일으키려면 보통 다른 나라에서는 몇만 명이 죽고 몇십만 명이 죽고 때로는 몇백만 명이 죽는 수가 있는데 그렇게 죽고도 성공을 못 해요. 성공을 했으면 그래도 희생을 바탕으로 나라가 발전했다 뭐 이런 이야기라도 나올 법합니다. 그래도 성공을 못 합니다. 그게 더 비참한 것 아닙니까?! 북한이 사회주의 혁명한다고 하더니 결과가 뭡니까? 몇백만을 굶겨 죽이고도 아직도 저 모양 저 꼴인데 단 한 사람도 안 죽이고 이런 위대한 발전을 이룩했다, 그것은 박정희라는 한 인간이 가진 위대성이죠.

무엇보다도 가난한 사람, 약한 사람 그리고 차별받는 사람을 보면 가만히 있지 못하는 박정희 대통령의 따뜻한 마음이 마지막 순간에도 "난 괜찮으니까 자네들은 피하게" 하는 그 말로 나온 것 아니겠습니까! 그걸 뭐 더 설명할 필요가 없습니다. 정치적 암살도 없습니다. 김대중 납치 사건은 박정희 대통령이 시킨 게 아니고 이후락 정보부장이 알아서 하다가 그렇게 됐던 겁니다. 거기서도 죽은 사람은 없지 않습니까! 다만 국가보안법 위반 혐의로 간첩이나 또는 간첩에 포섭된 사람이 살인 사건을 저지르지 않았는데도 그 사상 때문에 사형 집행된 경우는 있습니다. 이것은 정치적 암살하고는 다른 차원의 문제니까요.

한·일 국교 재개

저는 박정희 대통령이 정권을 잡은 1961년 5월 16일 새벽 당시 중학교 3학년이었습니다. 새벽에 일어나서 공부하려고 라디오를 틀었더니 혁명 방송이 나오는 겁니다. KBS 박종세 아나운서가 혁명 공약을 읽고 있었습니다. "은인자중하던 군은 오늘 미명을 기하여 행동을 개시하고…" 뭐 이렇게 나오더라고요. 김종필 씨가 적은 혁명 공약입니다. 실시간으로 그걸 들었어요. 그때부터 박정희와 저의 관계가 이제 시작되는 거죠.

저는 고등학생 때는 박정희, 김종필 팬이었어요. 여러분 김종필 씨 아시죠? 돌아가셨지만 그분은 젊었을 때 아주 멋진 청년 장교였습니다. 잘 기고 말도 잘하고. 대학생들과 토론해도 절대 밀리지 않는 그런 사람이 박정희와 콤비를 이루었어요.

JP 그러니까 김종필과 박정희 사이의 관계는 아시죠? 박정희 대통령 형제분 중에 박상희라고 계셨어요. 이분이 사회주의 운동을 하다가 대구 폭동에 연루되어서 경찰한테 사살되었어요. 그분의 딸과 김종필 청년이 결혼을 했습니다. 박정희 대통령 일가를 보면 형은 경찰 손에 죽고, 부인 육영수 여사는 북한에서 내려보낸 간첩 문세광 손에 돌아가시고, 본인은 부하 손에 죽고……. 한 가계가 한국 현대사의 가장 어두웠던 면을 나이테처럼 다 간직하고 있는 그런 집안이었습니다.

제가 대학교에 들어갈 무렵에 한일회담 반대 시위가 대학가에 불어닥쳤습니다. 1965년에 한국과 일본이 정식으로 수교를 합니다. 거기에 반대하는 시위가 야당 학생 중심으로 있었는데 제가 다니던 대학교에서도 한일회담 반대 시위를 하는데 저는 그때 과 대표였습니다. 학생들을 동원하라고 학생회에서 지시가 내려오더라고요. 저는 거기에는 반대했습니다. 그래서 저는 "그렇게는 안 된다. 우리 과 학생들한테 물어봐야 되겠다" 하고 토론에 부쳤어요. 지금 데모할 사람 그리고 데모 안 할 사람 다 자유롭게 정해라. 지금 한일회담 하는 게 맞느냐 아니면 반대하는 게 맞느냐 한번 토론해 보자. 그래서 우리 과에서 토론이 벌어졌어요. 할 거냐 말 거냐 그게 결론 나겠어요? 그래서 제가 결정을 했습니다. 시위에 갈 사람은 가고 가기 싫으면 가지 말라고, 이것은 절대로 몰려다니면서 할 일이 아니다라고 그렇게 정리한 적이 있습니다.

1·21사태

그다음에 저는 군대에 갔습니다. 제가 군대에 가 있는 시기가 1967년부터 1970년 사이였습니다. 그때 제2의 6·25전쟁이 한국에서 났어요. 북한이 좋은 기회라고 간첩들을 보내고 하면서 전방에서는 거의 전시 상황이 벌어지고 그런 가운데서도 우리는 월남에 2대 사단을 파병하던 그런 시기였습니다. 그리고 그때 북한 군사력이 절정에 달했습니다. 그런데 한국은 상대적으로 경제개발에 먼저 집중을 하다 보니까 군사력 건설은 좀 늦었어요. 그러다가 1968년 1·21사태라고 합니다. 1월 21일 김신조를 비롯한 34명의 북한 특수부대 공작원들이 청와대를 습격하기 위해서 세검정을 지나서 자하문을 넘다가 우리 경찰과 시가전을 벌인 한 사건이 일어났습니다.

1·21사태를 겪은 박정희 대통령이 이제부터는 우리가 자주 국방력을 길러야 되겠다, 우리가 무기를 만들어야 되겠다, 생각합니다. 그때까지

만 해도 우리는 소총도 못 만들었습니다. 그래서 M16 소총 만드는 공장도 돌리고 예비군도 만들었습니다. 1968년 4월 7일이죠. 아마 그때부터 자주 국방력 건설로 나아갑니다. 1·21사태는 우리나라 역사에서 굉장히 중요한 사건인데 이게 결국 김일성이 실수한 겁니다. 1·21사태를 당한 박정희 대통령은 자주 국방력 건설을 위해서 "우선 무기를 만들 수 있어야 된다. 무기를 어떻게 만들 거냐?" 하는 고민을 하기 시작합니다.

무기를 만들려고 하다가 보니까 무기만 만드는 공장을 세울 수가 없는 거예요. 무기를 만들려면 정밀공업이 발달해야 됩니다. 그리고 정밀공업이 발달하려면 그것을 뒷받침하는 중화학공업 체제가 있어야 되는 거예요. 그래서 그때부터 중화학공업을 건설하기 시작합니다. 중화학공업을 건설하던 과정에서 여러 가지 어려운 일이 생깁니다. 어떤 나라가 중화학공업을 건설하느냐 아니면 경공업으로 만족하느냐에 따라서 선진국과 보통 나라로 갈립니다. 지금 선진국은 다 중화학공업을 건설한 나라예요. 우리는 국가적 위기로부터 중화학공업을 건설할 수 있는 기회를 잡았습니다.

중화학공업 건설

1973년에는 또 엄청난 일이 벌어집니다. 중동에서 제4차 중동전쟁이 일어납니다. 석유를 많이 생산하는 사우디아라비아·쿠웨이트·이란·이라크 이런 아랍 국가가 똘똘 뭉쳐서 석유를 무기로 삼습니다. 그래서 "아랍 국가를 적대시하고 이스라엘과 친한 나라에는 석유를 공급하지 않겠다" 이렇게 선언을 합니다. 우리가 딱 거기에 걸린 거 아닙니까? 우리가 친이스라엘 정책을 폈으니까, 더구나 그때 중화학공업을 막 건설하기 시작할 때 석유 위기가 왔어요. 그때 배럴당 석유값이 2달러 하다가 4개월 사이에 12달러로 뜁니다. 우리는 기름을 모두 수입해야 하는데 이 이상의 위기가 또 어디에 있습니까? 근데 우리는 중화학공업 건설이라는, 돈이 많이 들어가는 사업을 펼쳐 놓은 거예요. 이때 보통 지도자 같으면 일단 위기를 극복할 때까지 중화학공업 건설은 중단하든지 아니면 최소한 축소를 하든지 이렇게 할 것 아닙니까?

여기서 박정희 대통령은 밀어붙입니다. 중화학공업 건설을 그대로 밀고 나가자. 그러면 필요한 달러는 어디서 버느냐? 그때 오일 달러가 많이 모이니까 중동 국가들이 건설 붐이 일어났습니다. 1973년부터 기름값이 뛰면서 돈이 넘칠 것 아닙니까? 그러니까 중동 국가들이 항만도 건설하고 아파트도 짓고 막 건설 붐이 일어났어요. 우리나라 건설업체가 중동으로 진출을 합니다. 그래서 오일 머니를 벌기 시작해요. 1977년에 가면 중동에서 건설회사들이 벌어들인 달러로 중동에서 석유를 사 오고도 남게 됩니다. 호랑이 굴로 들어간 거죠. 그 호랑이 굴로 들어가서 오늘날 우리가 살고 있는 대한민국의 운명을 바꿨습니다.

그때 만약 보통 지도자처럼 박정희 대통령이 중화학공업 건설을 접었다면 우리는 지금 어느 정도 수준에서 살고 있을까요? 아마 말레이시아나 태국 정도일 겁니다. 근데 말레이시아 태국 정도로 사는 게요, 그게 실패한 나라가 아닙니다. 말레이시아나 태국도 괜찮은 나라예요. 그러나 우리나라는 박정희 대통령의 위대한 선택으로 해서 그들 나라보다 훨씬 더 앞선 나라로 가버렸죠. 이게 한국 역사에서 가끔 일어나는 역전 드라마입니다. 위기를 극복하고 그 전 상태로 돌아가는 게 아니라 위기를 극복하고 몇 단계 더 나가 버리는 게 한국 역사에 가끔 나타나는 위대한 역전극인데, 이때 그 역전극이 벌어졌습니다. 그래서 오늘날도 대한민국의 경제를 지탱하는 게 박정희 시대 때 만든 그 기초를 놓은 중화학공업 아닙니까! 자동차·전자·제철 그리고 석유화학·비철금속 이런 게 전부 다 중화학공업입니다. 그때 중화학공업을 선택합니다. 중화학공업을 건설하려면 뭐가 꼭 필요하냐 하면은 권력이 집중되어야 한다. 이런 전쟁 이상의 국가 비상 동원 체제를 갖추려면 권력이 분산돼서는 안 됩니다. 대통령한테 권력이 집중되어야 합니다.

10월 유신

그렇게 하려면 야당의 목소리를 죽여야 합니다. 그리고 언론의 비판을 좀 단속해야 합니다. 그래서 박정희 대통령이 선택한 게, 1972년 10월 17일 유신을 선포합니다. 여기 계신 분 중에 유신 선포 기억나십니까? 기억나시는 분 안 계시죠? 대부분 1972년 이후에 나신 분들이 아닌지 모르겠습니다. 이렇게 되면 이제 저하고 여기 들으시는 분들 사이에 체험의 차이가 생깁니다. 그러니까 제가 설명을 아무리 해도 그 순간을 잘 이해하지 못하실 것 같아요. 1972년 10월 17일 저는 2년 차 기자를 하던 때였어요. 갑자기 비상계엄령을 선포하고 국회를 아예 해산해 버리고 헌법을 중단시키고 하더라고요. 아니 이 평화 시기에 무슨 비상계엄령이냐 했더니 박정희 대통령이 나와서 지금까지 우리가 운영했던 이런 체제로는 위기를 극복할 수가 없다, 그러니까 아주 효율적인 체제를 만들겠다

김종필 국무총리가 국회에서 유신을 선포하고 있다(사진 ⓒ 국사편찬위원회). 박정희 대통령은 1972년 10월 17일 비상계엄을 선포하고 국회를 해산시켰다. 12월 27일 유신헌법을 공포하고 국회해산권과 긴급조치권뿐만 아니라 국회의원 1/3을 임명하고 법관을 임명할 수 있는 권한을 가졌다. 대통령 간선제를 통해 부정선거조차도 치를 필요가 없게 만들었다(편집자 주).

면서 만든 게 유신체제입니다. 그 유신체제하에서 우선 대통령 직선제가 없어져 버리죠. 그리고 언론에 대해서 상당한 통제를 가합니다. 유신헌법을 만들었어요.

그래서 박정희는 쿠데타를 두 번 한 사람입니다. 1961년 5·16쿠데타 그리고 1972년 10월 17일의 유신선포는, 이게 친위쿠데타입니다. 친위쿠데타라는 개념은 이런 겁니다. 권력을 잡은 사람이 자신의 권력을 더 강화하기 위해서 정적을 제거하든지 아니면 침묵하게 만드는 걸 친위쿠데타라고 그래요. 지난 12월 3일 윤석열 대통령의 실패한 비상계엄도 일

종의 친위쿠데타입니다. 친위쿠데타라는 증거가 뭐냐면 국회를 무력화시키고 그다음에 여당 대표를 체포 명단에 올려놓은 게, 이게 바로 친위쿠데타입니다. 그런데 박정희 대통령의 유신체제는 헌법도 다 바꿔 버렸습니다. 유신헌법이 나온 거죠. 그리고 돌아가실 때까지 7년 동안 지속됩니다. 평가는 둘로 나뉩니다.

하나는 7년 동안에 정치를 억압했다. 독재다. 맞죠! 독재라고 해도 뭐 할 말이 없습니다. 그러나 독재 중에서는 좀 느슨한 독재다. 왜냐하면 그 기간에도 언론은 정부를 비판할 수 있었고 또 선거도 하고 했으니까 말입니다. 독재도 여러 종류가 있습니다. 북한식 독재도 있고 박정희식 독재도 있습니다. 아주 좀 온건한 독재였지요. 게다가 사람 죽이는 그런 짓도 저지르지 않았고. 어쨌든 뭐 친위쿠데타에 의한 권위주의 정부가 들어섰는데요. 바로 이 7년이 중요한 겁니다. 유신체제 7년이 왜 그렇게 할 수밖에 없었느냐? 박정희의 설명은 "우리가 선진국으로 가는 버스를 타야 된다. 막차다. 이 시기 놓치면 안 된다." 그러니까 국력을 조직화하고 능률을 극대화하려면 언론 자유나 비판의 자유를 잠시 좀 보류할 수밖에 없다고 이야기했습니다.

그걸 듣고 '그 말이 맞다'라고 생각하는 사람은 소수였을 것이고 그래도 '내가 불편하니까 견딜 수 없다'는 사람이 더 많았지 않을까 하는 생각이 드는데요. 저는 그 기간에 부산에서 이제 사회부 기자를 하고 있었는데, 그때 저희 입장은 그전에는 박정희·김종필 두 분과 공화당을 상당히 좋아했습니다. 제가 사회부 기자 할 때는 구체적으로 저한테 여러 가지 권력의 제약이 가해 오니까 그때는 박정희 대통령을 싫어했습니다.

또 기자라는 게 잘 되는 것보다는 문제가 많은 걸 찾아다니는 짓을 하지 않습니까? 어떻게 보면 반정부적인 기자로 바뀌어 가지고 이 정부가 잘못한 거 또 행정기관에서 잘못하는 거 찾아다니면서 열심히 기사를 썼던 7년이었어요.

석유파동

그러다가 아까 잠시 이야기가 나왔지만 1976년 1월 15일 박정희 대통령이 연두 기자회견을 하는데 놀라운 발표를 하는 거예요. "포항에서 양질의 석유가 나왔습니다." 여러분, 요새도 뭐 산유국의 꿈 하면은 가슴이 뛰는데 1970년대에 4차 중동전쟁으로 인한 석유파동을 겪은, 기름 한 방울 안 나는 한국에서 기름이 나왔다는 것 이상의 큰 뉴스가 있겠습니까? 온 나라가 산유국의 꿈에 부풀었어요. 주식도 막 오르고요. 그런데 저는 부산에서 기자 생활을 하면서, 외국 회사들이 부산에 기지를 두고 이 해저 석유 탐사하는 걸 제가 취재를 해서, 석유 개발에 대해서 꽤 전문적인 지식이 있는 기자였습니다.

박정희 대통령의 그 발표를 듣고 제가 취재를 했습니다. "이게 과연 맞나? 이게 양질의 석유가 나온 게 맞나?" 그때 또 언론은 거기다가 플러스알파를 해서는 대유전이 있는 것처럼 보도를 했어요. 제가 포항에서 가서 취재를 해보니까 제가 가지고 있는 판단으로는 "아! 이거 경제성이 없다." 땅을 깊게 파면 석유는 조금씩 나옵니다. 석유가 조금 있을지 모르지만 그게 많이 모여 있어야 경제성이 있는 거거든요. 해보니까 "아! 이거는 경제성이 없다"는 판단을 하게 되었습니다. 판단하면 됐지, 뭐 가만히 있으면 될 텐데, 또 그때는 정보부에서 위장 회사를 만들어서 지출을 하니까 정보부에서 언론사에 포항 석유에 대해서는 앞으로 일체 보도하지 말라는 지침이 내려와 있었거든요.

저는 기자니까 뭘 알면 자꾸 쓰고 싶어집니다. 그래서 "아! 이거는 나 혼자만 알기에는 너무 억울하다." 그래서 제가 논문을 썼어요. 논문을 한 200부를 찍어서 언론사·연구소·정부기관 등에 보냈습니다.

그런데 산케이 신문 서울지국에서 그걸 가지고 기사를 썼어요. 일본 신문에서 포항석유 경제성이 없다고 보도를 했습니다. 그러니까 정보부에서는 얼마나 화가 나겠습니까? 그래서 제가 불려가서 조사받고 신문사에서 쫓겨났어요.

똑같은 일이 작년에 또 벌어졌습니다. 그런 눈으로 보니까 작년 6월 3일 윤석열 대통령이 느닷없이 발표했습니다. "동해에 140억 배럴 세기적 유전이 발견될 가능성이 있습니다." 기억나십니까? 딱 그 순간에 아이고, 이 사람도 또 속았구나, 속아도 이번에는 크게 속았구나 싶었습니다. 이건 완전히 대국민 사기극인데 허접한 회사를 앞세워서 평가 결과를 원하는 대로 받아서는 그거 가지고 던졌습니다. 그래서 옛날이야기가 생각났습니다.

1976년 포항에서는 양질의 석유가 나왔다면서 병에다가 기름을 담아서 박정희 대통령한테 갖다 주고 박 대통령은 기뻐서 그걸 재떨이에 붓고 불을 붙이면서 "우리도 산유국이 되었다" 이렇게 자랑을 했는데, 나중에 알아보니까 그게 원유가 아니고 정유회사에서 나온 정유였어요. 정유회사에서 나온 기름이 어떤 경로를 통해서 땅 밑으로 들어갔는데 시추하는 과정에 그걸 건드린 거예요. 그래서 딱 나온 걸 정유회사에 맡겨서 분석을 하니까 "이거 원유crude oil가 아니고 정유refined oil입니다"라는 보고서가 올라온 거예요. 박정희 대통령이 고의로 속인 거는 아닐 겁니다. 박정희 대통령도 허탈해하면서 그러면 시추공 몇 구멍 더 뚫어 보라고 했지만 뭐가 나옵니까? 그걸로 끝났어요.

그런데 이번에는 심합니다. 한 구멍 뚫었습니다. 윤석열 대통령이 그렇게 장밋빛 발표를 하니까 그 한 구멍 뚫는 데 천 억이 날아갔습니다. 천억, 아마 더 이상 뚫지는 못할 거예요. 만약 언론이나 야당에서 견제 안 했으면 한 열 구멍 뚫었을 것 같아요. 그러면 1조 날아가는 것 아닙니까? 그러니까 대통령 중심제의 대통령이 이렇게 위험합니다. 대통령에게 워낙 권력이 집중돼 있으니까 대통령이 오판을 해버리면 그걸 바로잡기가 힘들어요. 이거 안 된다는 이야기를 못 합니다. 그래서 요새 개헌 이야기가 많이 나오는 게 바로 그겁니다. 내각책임제 같으면은 그 수상과 장관들끼리 아주 자유로운 토론이 가능한데 한국에는 대통령이 국군 통수권자를 겸하고 있으니까 무서운 거예요. 그래서 "안 됩니다"라는 말을 하기가 힘듭니다. 그러니까 사고를 친다 이겁니다. 사고 치는 대통령을 막기가 힘든 게 대통령 중심제의 약점입니다.

작년에 사고 하나 더 쳤잖아요. 윤석열 대통령이 또 사고 쳤잖아요. 뭡니까? 의료대란 아닙니까? 한국에는 의사가 부족하다 해서 한꺼번에 1년에 의과대학 신입생을 2천 명 더 늘린다는 발표를 했습니다. 의료계에서 반발하는 바람에 지난 1년 동안 엉망진창이 되고 돈은 돈대로 쓰고 응급중환자를 제대로 치료하지 못해서 죽은 초과 사망자가 아마 수천 명이 될 겁니다. 그래서 우리도 대통령 중심제에 대한 새로운 고찰을 한 번 해볼 시점입니다.

  이야기가 옆으로 좀 나갔는데 어쨌든 다시 돌아오면 중화학공업을 건설하기 위해서는 행정력을 최대한 효율적으로 발휘할 수 있는 제도를 만들어야 된다, 그러려면 야당이나 언론의 비판을 좀 최소한으로 다스려야 된다고 하는데 이게 유신체제입니다. 그래서 저도 그 와중에 직장을 잃고 나중에 돌아왔습니다만, 저처럼 탄압을 받은 사람들이 좀 있지 않겠습니까? 그러나 그때 그 선택이 오늘의 대한민국을 만들었습니다. 그래서 저는 유신체제 7년을 높게 평가합니다.

  박정희 대통령을 이야기할 때 "유신체제 이거는 독재다, 이거는 절대 용납할 수 없다" 이렇게 이야기하는 사람이 많아요. 정치적으로 보면 그렇게 이야기할 수 있을지 모르지만, 그럼 유신체제가 없었으면 중화학공업 건설이 성공했을까요? 저는 성공하지 못했다고 봅니다. 그 정도의 희생, 즉 최소한의 희생이라는 게 바로 그겁니다. 최소한의 희생 대신에 우리가 얻은 게 최대의 업적 아닙니까! 지금 우리 자동차 산업, 우리 반도체, 우리 제철, 우리 석유화학, 우리 정밀기계 이거 빼면은 뭐가 있습니까?

  마침 1972년에서 1979년 사이에 다른 나라에서는 석유파동에 걸려서 대규모 투자를 안 했습니다. 거의 우리나라만 중화학공업 투자를 하니까 최신 설비를 가장 싸게 사들였어요. 그때만 해도 공장을 짓는 데 땅값이 그렇게 높지 않을 때고 또 주민들의 저항도 없을 때 아닙니까? 그러니까 공장을 가장 싸게 지은 거예요. 그래서 처음부터 우리나라 중화학공업 건설은 경쟁력을 갖고 또 최신 설비로 해서 규모를 얼마나 큰 걸 지었습니까? 규모의 경제도 있고 해서 성공할 수가 있었습니다.

10·26 시해 사건

그러나 그 성공은 희생을 요구하는 거죠. 거기서 일어난 여러 가지 부작용으로 해서 1979년 10월 26일 박정희 대통령 시해 사건이 일어난 거죠. 저는 1979년 10월 26일 그날 있었던 일을 거의 분 단위로 추적한 책●을 낸 바가 있습니다. 1979년 10월 26일 그날 있었던 일은 우리나라 역사의 30년을 결정했어요. 하루가 30년을 결정했습니다.

첫째 박정희 대통령 18년을 끝냈습니다. 김재규의 총성이 그리고 그 뒤에 이어질 전두환·노태우 12년이 바로 10월 26일에 만들어진 겁니다. 그때 전두환 국군보안사령관이 계엄령하에서 합동수사본부장이 됩니다. 그래서 경찰과 검찰 이런 수사기관을 장악해서 김재규 수사를 합니다. 수사권을 쥔 사람한테 권력이 집중되지요. 박정희 대통령이 돌아가셨으니까 권력의 진공이 생겼습니다. 그리고 전두환 소장은 군 안에서 상당한 인맥을 가지고 있었습니다. '하나회'라고요. 정규 육사 출신 장교단 자신들을 엘리트라고 주장을 합니다. 하나회라는 사조직의 회장이 전두환이었습니다. 군 내에 인맥을 갖고 있었고 당시에 국군보안사령관이었어요. 국군보안사령관이니까 정보망과 다른 부대에 대한 감시망을 갖고 있었습니다.

● 조갑제. 2019. 《부마사태에서 10·26까지 한국을 뒤흔든 11일간》 조갑제닷컴.

1979년 1월 박정희 대통령이 1사단장 하던 전두환 소장을 불러서 국군 보안사령관 자리에 앉혔어요. 이 인사가 바로 전두환을 대통령으로 만든 인사입니다.

10·26 사건 수사를 하면서 전두환 계엄사령관은 정승화 육군참모총장을 의심했습니다. 정승화 육군참모총장은 참군인입니다. 6·25 때 아주 잘 싸운 사람이고 권력이나 이런 데 관심이 없는 사람이고 학자 같은 사람인데, 불행하게도 시해 사건 났을 때 김재규의 초청을 받아서 궁정동 한구석 식당에서 식사를 하고 있었어요. 그래서 전두환 국군보안사령관은 정승화 장군이 김재규와 무슨 협력 관계가 있는 것 아니냐 하는 의심을 가지고 수사를 했습니다. 수사를 해보니까 아무 관계가 없고 우연의 일치였다는 것이 밝혀졌지만, 이게 결국은 정승화 장군을 옭아매는 혐의가 되었습니다. 10·26 사건이 나고 한 달 반 뒤인 1979년 12월 12일 전두환 그룹이 정승화 장군을 연행을 해서 제거하는 그런 일을 벌이려고 하다가, 이게 제대로 안 되자 정승화 장군을 지지하는 육군본부 측과 전두환 소장을 지지하는 국군보안사령관 측이 그날 밤에 총격전을 벌입니다. 많이 죽지는 않았어요. 국방부를 점거할 때 한 3명이 죽었는지 다쳤는지 뭐 하여튼 그 정도입니다. 그날 밤에 있었던 일로 해서 전두환 국군보안사령관은 실력자가 돼 버렸어요.

그날 있었던 일에 대해서 당시에 보안사 수사국장으로 참여했던 이학봉이라는 분이 계셨어요. 지금 돌아가셨지만 이분을 만나서 이야기를 나눴습니다. 아주 시니컬하게 이야기를 하더군요. "우리가 계획대로 정승화 장군을 조용하고 깔끔하게 수사기관으로 데려가지 못하고 그 사이에 서로 오해가 생겨서 티격태격하다가 총격전도 일어났습니다. 부대도 출동하는 바람에 우리 계획대로 안 돼서 실패했기 때문에 대통령이 두 사람 생겼습니다." 그게 무슨 말인지 아시겠습니까? 우리가 실패했기 때문에 대통령이 두 사람 생겼다고 그랬어요. 처음에 이 계획을 세울 때는 전두환이 무슨 쿠데타를 해 가지고 정권 잡겠다는 게 아니었어요. 군의 실권을 잡기 위해서 정승화 장군을 제거하겠다는 목표 정도였는데 이게 실패하면서 사실상 쿠데타가 되고 말았어요. 이거 정권을 못 잡으면 다 사형 될 판이에요. 그래서 그길로 1980년 5월 정권을 잡는 쪽으로 가버립니다.

5월에 있었던 게 광주민주화운동 되고, 5월 17일 비상계엄령을 전국으로 확대하면서 3권을 장악하고, 3개월 뒤 최규하 대통령이 물러나고 전두환 대통령이 등장하는 이런 프로세스를 겪게 됩니다. 그래서 그날 계획이 실패해서 피를 흘렸기 때문에 이를 주도한 전두환·노태우 두 사람이 권력을 잡을 수밖에 없었고 살기 위해서 권력을 잡았다 이겁니다. 그래서 제5공화국이 등장하고 전두환 치하에서 1987년에 6·29선언을 거쳐서 직선제를 받아들이면서 제6공화국 헌법이 만들어지고 우리는 지금 제6공화국 헌법 체제에서 살고 있습니다. 박정희 대통령이 돌아가신 걸 계기로 전후 30년의 역사가 1979년 10월 26일 총성에 의해서 결정이 되니까 한국 현대사에서 가장 중요하고 드라마틱한 사건입니다.

그 전에 제가 부산에서 기자 생활을 할 때 1979년 10월 16일 부마사태가 일어났습니다. 부마사태가 일어난 배경은 부산에서는 김영삼 야당 대표를 제명하는 데 대한 격분, 이게 가장 컸어요. 민란이 일어난 것처럼 시민들이 시위에 가세하는 걸 김재규 정보부장이 부산에 내려와서 보았습니다. "민심이 떠났구나! 게다가 미국도 박정희 정권을 싫어한다." 이런 계산을 하고 있었는데 10월 26일 그 만찬 자리에서 차지철 경호실장이 김재규한테 아주 험한 소리를 하고 하니까, 그 순간 총을 뽑아서 맞은편에 있던 차지철을 쏘고 박정희를 쏘고 그다음에 총알이 딱 막히니까 바깥으로 뛰쳐나가서 또 총을 하나 더 가지고 와서 두 번째로 박정희 대통령 머리를 쏴서, 병원으로 옮기던 중 돌아가시게 한 사건입니다.

그래서 저는 부마사태를 취재해서 책을 한 권 썼습니다. 10·26도 썼어요. 12·12 사건에 대해서도 제가 정승화 장군을 만나고 해서 책을 한 권 썼습니다. 광주민주화운동 때에는 광주에 취재하러 갔습니다. 그때는 뭐 경상도 기자는 오면 맞아 죽는다고 하던데 가보니까 뭐 그렇지는 않더라고요. 거기서 취재하고 돌아와서 또 신문사에서 잘리고 해서 저의 운명이 달라집니다. 그래서 부마사태, 10·26, 12·12, 광주민주화운동에 대해서는 각각 제가 책을 한 권씩 썼습니다.

윤석열 탄핵과 조기 선거

이때가 우리 한국 현대사에서 가장 중요한 사건입니다. 이것은 박정희라는, 18년 동안 이어지던 권력이 무너지니까, 어떤 건물이 무너지면 그 충격으로 그 옆에 건물도 무너지듯이, 그런 여진 속에서 일어난 역사적 사건입니다. 그 사건이 만들어낸 역사 속에서 오늘 우리가 여기 살고 있고, 또 오늘 아시다시피 오는 4월 4일* 또 한 번의 한국 현대사의 중요한 사건이 지금 기다리고 있습니다. 윤석열 대통령 탄핵 심판 선고가 어느 쪽으로 날 거냐에 따라서 한국 역사가 또 한 번 진로가 왔다 갔다 할 거예요. 지금 대충 추측으로는 8 대 0 만장일치로 인용 파면 결정이 나올 겁니다. 그러면 60일 안에 대통령을 뽑아야 합니다. 저는 이런 문제 해결 방식에서 제일 평화적이고 합헌적이라고 생각합니다. 이러한 방식에서는 특히 선거가 중요합니다. 민주주의 국가에서는 여러 가지 문제가 생겨서 막 싸우다가 결국 뭘 통해서 결정을 합니까? 선거를 통해서입니다. 선거에서 누구를 당선시키고 누구를 낙선시키느냐 하는 것은 그 투표를 한 유권자들의 주권입니다. 주권적 결단입니다. 그래서 선거가 가장 중요합니다.

조기 선거가 이루어진다면 한국 사회를 갈등으로 몰아넣고 있는 이런 게 상당 부분 해결될 것으로 기대합니다. 그렇게 할 만큼 한국 민주주의는 뿌리가 깊습니다. 그 민주주의를 가능하게 하는 것은 경제거든요. 민주주의를 나무에 비교한다면은 그 나무를 심고 키울 수 있는 토양이 있어야 될 것 아닙니까? 토양이 바로 경제입니다. 우리 경제력은 민주주의를 지탱할 수 있는 충분한 힘을 갖고 있습니다. 1인당 국민소득이 9천 달러가 넘어간 수십 개 나라 중에서 한 나라도 쿠데타에 성공한 나라가 없답니다. 부자 나라에서는 쿠데타가 반드시 실패한다는 법칙이 있어요. 우리나라는 1인당 국민소득이 지금 3만 달러를 넘었잖아요. 3만 달러 넘

● 윤석열 탄핵 사건 선고일.

는 나라에서 윤석열 대통령이 느닷없이 12·3 계엄을 선포하고 친위쿠데타를 하니까 실패는 정해진 거예요. 그런 점에서 박정희 대통령이 어떻게 보면 우리의 민주주의를 키운 분이죠. 박정희 하면 민주주의를 부정한 사람으로 알려져 있는데 그렇지 않습니다. 저는 이승만 대통령은 한국 민주주의의 어머니고 박정희 대통령은 민주주의 아버지 뭐 이렇게 표현할 수 있다고 생각합니다.

아시아 대표 정치지도자

지금까지 말씀드린 거는 박정희 대통령을 국내적 시각에서 말씀드렸고요. 1994년에 제가 월간조선 편집장을 할 때 기자를 보내서 당시 싱가포르에 계시던 이광요 수상 인터뷰를 하도록 했습니다. 이광요 수상은 20세기 아시아에서 가장 위대한 지도자 중에 한 분이죠. 세계 최고의 도시국가를 만들었잖아요. 지금 싱가포르 인구가 한 800만가량 되는데 싱가포르의 국력이나 이런 것은 인구가 비슷한 스위스하고 비슷합니다. 이런 나라를 만든 이광요 이분은 영국에서 교육을 받은 분인데요.

인터뷰를 했습니다. "20세기 아시아에서 가장 위대한 지도자를 세 사람만 꼽아 보시죠. 이광요 수상 본인은 빼고." "첫째 중국 등소평, 그다음 일본 요시다 수상, 세 번째는 한국 사람인데 이 사람 이름을 이야기하면 한국 정치에 내가 관여한다는 인상을 줄 것 같아서 말은 안 하겠다"고 했습니다. 그 사람이 박정희라는 이야기를 한 것이죠. 그때가 김영삼 정부 때인데 약간 박정희를 폄하하는 그런 기운이 있을 때입니다. 아시아를 대표하는 정치지도자 입에서 20세기를 대표하는 세 사람의 아시아 지도자 중 한 명이 박정희였습니다.

그다음에 이런 일이 있었어요. 한 10여 년 전에 서울대학교 최고경영자과정에 다니던 사람이 저를 찾아왔습니다. 찾아와서 "우리가 달력을 만드는데 20세기를 대표하는 세계 지도자 12명의 사진을 넣고 싶은데 그중 한 분 뽑아 주세요" 하면서 저한테 이야기를 해요. 그래서 제가 "그렇게 하지 말고 우리 점심 먹으면서 20세기에 세계를 대표하는 12명의 지도자를 한번 뽑아 보자"고 했습니다. 기준을 딱 정했어요. 첫째 큰 나라여야 한다. 그래야 영향력이 있을 거니까요. 두 번째 그 사람 당대에만 잘해서가 아니라 훗날에도 그 사람의 유산이 이어지는 사람이라야 한다. 세 번째 그 사람이 문명 건설에 기여한 사람이라야 한다. 히틀러 같은 파괴자는 안 된다. 이런 식으로 토론을 한번 해봤습니다.

이런 결과가 나왔습니다. 첫째 미국에서 한 사람 뽑아야 된다. 프랭클린 루스벨트나 트루먼 아니면 냉전을 자유 세계의 승리로 종식시킨 레이건 이 세 사람 중에서 한 사람이다. 그렇다면 아무래도 12년 동안 집권했던 프랭클린 루스벨트 아니겠느냐, 제2차 세계대전을 연합군이 이기도록 만들었으니까. 그다음에 영국에서 한 사람 나와야지, 영국은 누구겠습니까? 당연히 처칠 수상이겠지요. 그다음에 독일에서도 나와야 되겠는데 히틀러는 뽑을 수 없는 거 아닙니까? 그러면 독일의 발전은 서독이거든요. 히틀러의 잔재를 청산하고 반공 민주주의 국가를 만든 아데나워 총리도 이론의 여지가 없다. 20세기 프랑스를 대표하는 지도자는 누구일까요? 그렇죠, 드골입니다.

큰 나라 인도에는 누구일까요? 간디! 근데 간디는 정치지도자가 아니거든요. 그럼 중국은? 모택동일 수는 없죠. 사람을 너무 많이 죽였으니까. 그렇다면 중국은 등소평, 일본은 요시다. 큰 나라 그러면 중동에도 한 사람이 있어야 되는 거 아니냐? 튀르키예의 근대화를 이끈 지도자 무스타파 케말 아타튀르크 대통령. 종교의 힘이 너무 세서 근대화가 잘 안 되는 곳인데 아타튀르크는 제1차 세계대전의 전쟁 영웅이니까 군대를 자기 편으로 만들어서 튀르키예를 근대화했습니다. 여성이 참정권을 갖게 됩니다. 아주 이렇게 흘려 쓰는 아랍 문자가 아니고 알파벳으로 문자 개혁을 합니다. 그다음에 군대를 키워서 군대가 오히려 체제 유지의 수호 기관이 되도록 만듭니다.

남미에서도 한 사람 나와야겠는데 잘 안 나오더라고요. 왜 그럴까요? 쿠데타가 많이 일어나서 그렇습니다. 그러니까 남미에서는 없다. 아프리카에선 누굴까요? 이집트의 나세르가 유명했는데 그렇게 성공적이지 못했어요. 역시 남아프리카공화국의 만델라까지 갔습니다.

그러면 한국에는 없느냐, 이렇게 된 거지요. 모든 국력이 세계 10위권에 들어간 한국에서도 한 사람이 있어야 될 거 아니냐? 자연스럽죠. 그렇죠. 그럼 누구냐? 이승만이냐, 아니면 박정희냐? 저는 박정희 대통령 전기를 썼지만, 이승만이어야 한다고 생각을 했습니다. 이승만과 박정희 중에서 한 사람을 꼽으라면 오늘날 반공 자유민주주의의 기틀을 만들고 한미 동맹을 만들고 6·25 때 싸워서 우리 한국뿐만 아니라 자유 세계를 지킨 이승만 또는 박정희 이렇게 됐습니다. 제가 농담으로 진짜 노벨평화상을 받아야 될 사람은 박정희라고 이야기를 합니다. 최소한의 희생으로 했다는 거죠.

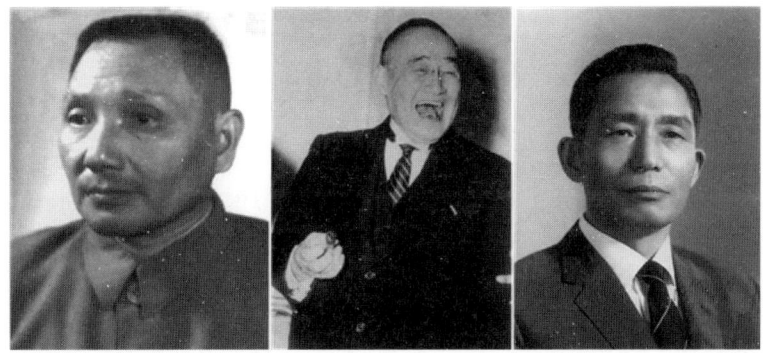

이광요 싱가포르 수상이 뽑은 20세기 위대한 아시아 지도자 3인 — 등소평 주석, 요시다 수상, 박정희 대통령.

그다음에 우리 역사에서 박정희 대통령이 차지하는 위치가 또 하나 있습니다. 12세기 고려에서 군인들이 무신란을 일으켜서 정권을 잡았어요. 정권을 약 100년 잡았습니다. 그러다 몽골이 침략하면서 이 무신 정권이 무너졌습니다. 그 뒤 조선조에는 유학자들이 정권을 잡았습니다. 공부 많이 한 사람이 정권을 잡았어요. 1961년 박정희·전두환·노태우 세 사람의 군인 출신 대통령 시절이 몇 년 계속되죠? 딱 30년입니다. 30년 동안 대한민국이 발전을 했습니다. 제가 박정희만 강조하는데, 1980년대 전두환·노태우 시절 발전도 박정희 시대 못지않습니다. 1980년대 한국의 연평균 경제 성장률이 10.1%였어요. 세계에서 1등이었습니다. 그래서 '일본을 따라잡을 수 있다'라는 말이 나오기 시작한 게 전두환 시절 아닙니까? 결국 성공했잖아요. 지금 1인당 국민소득, 한국이 일본보다 많습니다. 그러나 전체 국력으로는 비교가 안 되겠지만, 1980년대에 단초를 마련했습니다.

박정희 대통령의 행운은 이겁니다. 전임자도 좋고 후임자도 좋았어요. 전임자 이승만 대통령이 12년 동안 집권하면서 대한민국이 발전할 수 있는 기틀을 놓았습니다. 교육을 했습니다. 남녀 구분하지 않고 많은 사람들이 교육을 받도록 했습니다. 그다음에 한미 동맹을 만들어 냈습니다. 강력한 국군을 만들었어요. 그리고 자유민주주의 시장경제라는 틀을 만들었습니다. 그 바탕에서 박정희라는 기관차가 달릴 수가 있었습니다. 그리고 박정희 대통령 돌아가시고 나서 등장한 전두환 정권은 경제를 잘 관리해서 물가도 잡고 무역 흑자도 냈습니다. 그 바탕에서 88서울올림픽을 계기로 사회 각 분야를 선진화시킵니다. 1987년에는 6·29선언을 통해서 직선제 개헌안을 받아들여서 민주화로 가는 길을 엽니다. 전두환 대통령이 요새 돌아가시고 나서 아직 유골을 묻지를 못하고 집에 그냥 보관하고 있다고 그러더라고요. 그 사람이 이룩한 그것은 앞으로도 역사적으로 제대로 평가받을 거라고 생각을 합니다. 박정희 대통령은 전임자도 좋고 후임자도 좋아서 오늘날 제가 여기 이 자리에서 박정희 대통령의 이야기를 이렇게 자신 있게 이야기할 수 있게 됐습니다. 박정희는 잘했는데 그 뒤에 전두환 정권 들어와서 완전히 나라를 말아먹었다면 제가 이렇게 이야기할 수는 없잖아요.

짜라투스트라는 이렇게 말했다

1979년 11월 3일로 기억됩니다. 지금은 없어진 중앙청 앞에서 국장國葬이 있었습니다. 유튜브로 보시면 국립교향악단이 리하르트 슈트라우스가 작곡한 교향시 '짜라투스트라는 이렇게 말했다'를 연주합니다. '짜라투스트라는 이렇게 말했다'라는 교향시는 여러분 들어 보시면 "아, 어디서 많이 들어본 곡이구나" 하실 겁니다. 아주 드라마틱하게 올라갔다가 탁 끝납니다. 영웅의 삶을 상징하는 거니까 그걸 연주했어요.

《짜라투스트라는 이렇게 말했다》는 책이 있습니다. 니체가 쓴 책인데 서문이 아주 명문입니다. 초인이라는 말이 나옵니다. 초인은 어떤 사람이냐? 더러운 강물을 들이마셔 바다와 같은 새로운 세상을 만들어 내면서도 끝까지 순수한 영혼을 더럽히지 않는 사람, 이 사람이 바로 초인인데 저는 이걸 읽어 보니까 이게 박정희네 하는 생각이 들더라고요. 박정희가 바로 질풍노도와 같은 식민지 시대에 태어나서 그렇게 어려움도 겪고 수모도 당했지만, 결국 그런 더러운 강물 같은 세상을 청산하고, 한국 사람이 세계 어느 나라에 가도 대접받는 이런 바다와 같은 새로운 세상을 만들었습니다. 그 과정에서 청탁을 다 들이마신 사람입니다. 청탁을 다 들이마시면 같이 오염되지 않겠습니까? 그러나 영혼을 맑게 유지한 사람입니다. 영혼을 맑게 했다는 게 총을 맞고도 "난 괜찮아. 자네들은 피하게"라는 그 마지막 말로 나타난 게 아니냐, 그런 생각을 합니다.

박정희는 교사, 군인, 혁명가 그리고 위대한 CEO 등 네 가지 역할을 한 사람입니다. 그리고 '부끄럼 타는 초인' 또는 '난 괜찮아 세대의 챔피언'이었습니다. 저는 '난 괜찮아 세대'의 제일 막내인데 배고픔을 아는 마지막 세대입니다. 동시에 풍요를 즐기기 시작한 첫 세대예요. 그래서 저는 양쪽을 다 아니까 박정희 이야기를 여러분들에게 이런 식으로 전해 줄 의무가 있다고 생각합니다. 올해가 1948년을 기준으로 하면, 대한민국 정부를 세운 지 77년 그리고 해방된 지는 80년이 되는 해입니다. 지난

80년을 되돌아보면 가장 위대한 문명 건설입니다.

　세계 역사에서 영어로 말하면 The greatest story ever told, 가장 위대한 이야기입니다. 그런데 후배들이 좀 게을러서 또한 부정적 역사관에 오염이 되어서 이승만·박정희를 깎아내리고 전두환 깎아내리는 것을 업으로 해서 먹고사는 사람들이 많아요. 그러다 보니까 The greatest story ever told가 아니라 요새는 The greatest story never told, 아무도 하지 않는 이야기가 돼 버렸어요. 아무도 이야기하지 하지 않는 세계에서 가장 위대한 이야기가 돼 버렸다 이겁니다. 그래서 이런 자리가 The greatest story never told가 아니라 더 The greatest story ever told가 되는 계기가 되었으면 하는 생각을 갖고, 이런 자리를 마련해 준 우리 최석호 소장님에게 감사를 드리면서 제 이야기를 마치겠습니다. 고맙습니다.

질문 1 — 청중

선생님 말씀 잘 들었습니다. 강의 중에도 말씀 좀 해주셨는데 설문지에도 인간 박정희가 있습니다. 인간 박정희, 군인 박정희, 정치인 박정희 등인데 선생님께서 그렇게 한 인간과 깊은 인연 또 그 방대한 전집까지 쓰시게 된 계기는 무엇입니까?

답변 1 — 조갑제 기자

저는 기자니까 많은 사람을 만납니다. 기자는 아침에 살인범을 만나고 그날 밤에 아주 천사 같은 봉사자를 만나고 하는 그런 특권을 갖고 있거든요. 그러다 보니까 사람에 대한 관심이 많고 특히 천재라든지 위대한 인물에 대한 관심이 참 많습니다. 박정희 대통령과는 제가 뭐 한 번도 만나 본 적은 없습니다마는 인연도 있고 했는데 그렇게 질문을 하시니까 제가 생각나는 한 장면이 있습니다.

1984년 여름에 국립현충원에 아이들을 데리고 갔습니다. 온 김에 박정희 대통령 묘소에 한번 가보자, 했습니다. 그때만 해도 박정희 대통령에 대해서 약간 격하 분위기가 있어서 거기 가면 참 쓸쓸할 것이라고 생각을 하고 갔는데 아니더라고요. 사람들이 많이 모여 있었습니다. 보니까 농민들이에요. 농촌에서 단체로 온 사람들이 참배를 하고 있었습니다. 저는 같이 참배하는 게 아니라 그 맞은편에서 참배하는 사람들, 집단적으로 참배하는 사람들 얼굴을 딱 봤는데요. 얼굴이 다 새까맣게 탄 농민들인데 그 표정이, 집단적인 표정이 얼마나 경건하게 느껴지는지, 그걸 읽는다면 '아, 여기 계신 이분 때문에 우리가 가난에서 벗어났습니다' 하는 그런 표정으로 거의 수십 명이 모여 있는데, 그걸 보고 제가 찡했습니다. 그때만 해도 기자니까 아주 비판적으로 볼 때였는데 그런 기억이 있고요.

그다음에 제가 80년대 월간조선에 연재를 시작하고 그 뒤에는 조선일보에 연재를 시작하고 해서 어느덧 13권이 됐고요. 그런데 지금 돌아보면 부족한 게 참 많은데 다행히 그때 제가 만났던 사람들이 그 뒤에 거의 다 돌아가셨어요. 그 기록이 없으면 이제는 뭐 어떻게 할 수도 없는 마지막 기회에 살아 있는 분들을 만나서 기록으로 남길 수 있었다 하는 그런 생각을 갖고 있습니다.

조갑제 기자가 개항도시 인문학 '대통령 박정희를 말하다' 강연을 마친 뒤 청중이 박정희 대통령 정권 이양에 관한 질문을 하고 있다.

질문 2— 청중

만약을 가정하고 질문합니다. 혹시 10·26 시해 사건이 나지 않았다면 박정희 대통령께서는 과연 정권을 평화적으로 넘기고 가셨을지 아니면 끝까지 정권을 잡았을지가 궁금합니다.

답변 2— 조갑제 기자

아주 좋은 질문을 해주셨어요. 저는 박정희 대통령이 자기 손으로 정권을 넘기는 것은 매우 어려웠을 것이라고 생각합니다. 은퇴해서 교장 선생님처럼 살고 싶었을 겁니다. 그러나 권력의 속성상 그렇게 되지 않거든요. 권력이라는 것은 넘겨주면 넘겨받은 사람이 넘겨준 사람을 잘 모시는 경우는 참 드물어요. 그러면 박정희 대통령이 10·26 때 그런 식으로 돌아가시는 게 한국 역사 발전에 도움이 됐느냐 하면 저는 도움이 됐다고 봐요. 그 이유는 바로 그 뒤에 전두환 대통령이 등장하는데 이분이 박정희 대통령 때 해결하지 못한 것을 해결하고, 방만한 중화학공업을 정리를 잘하고, 새로운 시대에 맞는 새로운 리더십을 발휘할 수 있었거든요. 그래서 후임자를 잘 뒀다는 게 바로 그것이고, 그 전두환을 후임자로 선택한 것도 박정희 대통령의 인사예요. 아까 1사단장 자리에서 국군 보안사령관으로 옮긴 게 바로 그게 전두환을 권력자로 만든 겁니다. 그것은 뭐 역사적인 관점보다는 문학적으로 숙명적인, 이런 면이 있는 것 같은데, 어쨌든 10·26 사건은 시해 사건으로서 그거 하나만 보면 비극이지만 역사 흐름 속에서는 한국 역사에서 달리 평가된 면이 있다고 생각합니다.

클로징 — 최석호 소장

약속한 시간이 다 됐습니다. 오늘 참여해 주신 여러분 대단히 감사합니다. 조갑제 기자께서 지금 일본 언론과 '줌 인터뷰'가 예정되어 있어서 안타깝게도 여기서 마쳐야 할 것 같습니다. 평안한 밤 되시기를 빕니다.

제3장

대통령 **김대중**을 말하다

유시춘 이사장

'대통령 김대중을 말하다' 강연을 마친
유시춘 이사장과 참가자들의 기념 촬영.

인트로 — 최석호 소장

개항도시를 찾아 주셔서 감사합니다. 오늘은 개항도시 인문학 시즌7 '대통령을 말하다' 세 번째 날입니다. 개항도시는 커피숍이기도 하고 서점이기도 하고 전시관이기도 하고 연구소이기도 한, 그래서 복합문화공간입니다.

지금 '디카시전'과 '블루마운틴전' 그리고 '생활청자전'을 열고 있습니다. 눈여겨봐 주시면 좋겠습니다. 한국레저경영연구소에서는 여행클럽을 운영하고 있습니다. 같이 걷고 싶으신 분들은 신청해 주십시오. 북클럽도 운영하고 있습니다. 책 읽고, 길 걷고, 맛집에서 밥 먹는 三樂俱樂部(삼락구락부)입니다.

복합문화공간 개항도시를 개점하면서 개항도시 인문학을 시작했습니다. 봄과 가을 두 차례씩 모두 여섯 시즌을 했습니다. 지금은 시즌7입니다. 그 사이에 개항도시 문화유산 인문학과 토요예술책방도 개최했습니다.

지난 4월 1일 조갑제 기자께서 제1강 "대통령 박정희를 말하다" 강연을 해주셨습니다. 요즘 조갑제 기자를 지지하는 분들이 '조갑제가 갑자기 왜 이러나?' 하고 의아해한다고들 합니다. 직접 들어 보신 분들은 우리가 알고 있는 조갑제와 실제 조갑제가 다르다고 말씀하십니다. 굉장히 인상적인 강연이었습니다. 그리고 제가 경험해 보지 못한 박정희 대통령에 대해서 새롭게 발견하는 그런 시간이었습니다. 많은 분들이 관심을 갖고 경청하셨습니다. 대단히 집중도 높은 시간이었습니다. 개항도시 대강연장이 꽉 찰 정도였는데 연령대는 평균보다 높았습니다.

4월 15일 제2강에는 공보처 장관을 하신 오인환 장관께서 강의해 주셨습니다. 역시 여태까지 듣지 못한 이야기들을 많이 들을 수 있는 좋은 시간이었고 참여해 주신 분들도 많은 관심을 기울였습니다. 5월 13일 제4강 "대통령 노무현을 말하다" 유시민 작가께서 강연해 주실 예정입니다. 설명이 필요 없는 강사지요?

　아주 많은 설명이 필요한 강연자가 제5강을 강의합니다. 지금 여러분들 설문지를 다 받으셨을 거예요. 강연을 들으시는 중에 또는 듣고 난 뒤에 설문지 꼭 작성해 주시기를 바랍니다. 박정희·김영삼·김대중·노무현 등 역대 대통령은 언제부터 정치인이 되었을까요? 당원이 되면 정치인인가요? 아니면 국회의원에 당선되면 그때부터 정치인인가요? 정치인이 된 이래로 어떤 일을 했을까요? 국민들은 이분들이 한 일을 어떻게 평가하고 있을까요? 대통령 선거를 앞둔 우리에게 많은 시사점을 던져 주겠죠? 그 이야기를 마지막 강연에서 하려고 합니다. 최석호 한국레저경영연구소장이 제5강 "대한민국 대통령을 말하다"에서 제1강부터 제4강까지 설문조사 결과도 공유하겠습니다.

　시즌7 주제는 '누구를 대통령으로 뽑겠냐?'가 아니고 '어떤 대통령을 뽑겠냐?'에 대한 이야기입니다. 오늘은 '대통령을 말하다' 제3강 "대통령 김대중을 말하다"입니다.

　강사는 유시춘 EBS 이사장입니다. 1951년 경주에서 태어났고, 임진왜란을 극복하고 '징비록'을 후세에 남기신 영의정 유성룡 선생의 13대손이십니다. 고려대학교 국문과를 졸업하셨고 《乾燥地帶》로 세대世代 신인문학상을 받으시면서 소설가로 등단하셨습니다. 소설 《안개 너머 청진

최석호 한국레저경영연구소 소장이 제3강 강사 유시춘 이사장을 소개하고 있다.

항》을 비롯해서 《우리 강물이 되어》 《그가 그립다》 《김대중 자서전》 등 여러 책을 쓰셨습니다.

교사로 재직하던 중에 민주화실천가족운동협의회 결성식 사회를 봤다는 이유로 해직되셨습니다. 80년대는 그렇게 이해할 수 없는 시대였습니다. 1987년 기념식은 민주헌법쟁취 국민운동본부 상임 집행위원으로 6월항쟁에 참여했습니다. 올해 6월항쟁은 역대 최대 규모로 준비하고 계시다고 합니다. 2001년 김대중 정부 때 국가인권위원회 상임위원, 2007년 노무현 대통령 시절에 한국문화정책연구소 이사장, 2018년 문재인 정부에서는 EBS 이사장으로 임명되었습니다. 윤석열 대통령이 잘라 버리려고 그렇게 노력했으나 오히려 대통령이 잘렸습니다.

대통령은 대개 자서전을 직접 쓰지 않습니다. 구술하죠. 그 구술을 받아서 전문 작가가 씁니다. 김대중 자서전도 그렇게 탄생했습니다. 유시춘 이사장님과 김택근 전 경향신문 논설위원께서 쓰신 책입니다. 유시민 노무현재단 이사장의 누나가 아니라 김대중 대통령 자서전을 쓴 전문작가 유시춘에게 듣습니다. 개항도시 인문학 시즌7 '대통령을 말하다' 제3강 유시춘 이사장 "대통령 김대중을 말하다" 박수로 청해 듣겠습니다.

강연: 유시춘 이사장, 대통령 김대중을 말하다

반갑습니다. 조금 전에 그 영상을 보니까 요즘 때가 때인지라 문득 그분이 너무나 그립습니다. 제일 처음에 김대중의 인간적인 면모를 좀 말씀드리고, 그다음에 그의 사상적인 측면, 그리고 그가 대통령 재임 시에 이루어낸 업적 이렇게 말씀을 드릴게요.

민주주의 원년 6월항쟁

저는 짧지 않은 생애를 살고 있는 여성입니다. 여성으로서 흠모한 근현대사 인물 중에 시인 이육사가 있어요. 그분이 쓴 '광야' '절정' 이런 시는 교과서에 실려서 많이 알려져 있는데, '교목喬木'이라는 시는 잘 모르죠? 교목은 키가 크고 줄기가 곧고 굵은 나무입니다. 교목이라는 시를 통해서 자신의 꺾이지 않는 의지를 노래합니다. 그분은 47번이나 밀항을 하면서 독립운동을 했고 16번 옥고를 치렀습니다. 결국은 북경형무소에서 해방 6개월을 앞두고 옥사하십니다. '교목'을 쓴 이육사의 정신세계와 그 의지, 그리고 아주 절제된 언어 같은 것들이 저에게는, 여성인 제가 가지

'대통령 김대중을 말하다'를 강연하고 있는 유시춘 교육방송 이사장. 유시춘 이사장은 《김대중 자서전》 집필에 참여했다.

기 힘든 남성 리더의 정점을 보여 준다는 생각이 드는데요. 왜 이 이육사 얘기를 하느냐?

김대중 대통령은 제가 긴 삶을 살아오면서 마주친 분 가운데 가장 훌륭한 분이에요. 저와 첫 만남은 1971년 대구 수성천변에서입니다. 50만 명이 모였을 때였어요. 그때 제가 대학생이었는데 대구가 생긴 뒤로 가장 많은 인파가 모였어요. 그분께 투표하러 가느라고 가난한 대학생이 알바를 했던 기억이 나고요. 그분을 직접 뵌 거는 1985년 미국 망명에서 막 돌아오셔서 김영삼 대통령과 함께 민추협을 만들었을 때입니다. 전두환의 시대가 저물고 있던 때였어요. 그때 처음 뵙는데 너무 미남이어서 놀랐고요.

당시에는 학생들이 "전두환 물러가라!" 이 한마디 했다고 영장 없이 체포되기니 죽여서 갖다 버리거나 이러던 시절이었어요. 그러면 그 어머니들이 와서 "우리 아들 찾아내라" "우리 딸 어딨느냐" 하면서 나뒹구는 거예요. 구심체가 있어야 되겠다고 생각해서 구속학생 학부모협의회·장기수 가족협의회· 청년민주인사 가족협의회·구속노동자농민 가족협의회·양심수후원회 등과 함께 민주화실천가족운동협의회(민가협)를 만들었어요.

민청련 김근태 의장 아내 인재근 씨하고 저하고 같이 총무를 했어요. 구속된 아이들이 어디에 있는지, 실종된 아이는 어떤 경로를 거쳐서 없어졌는지……. 또 의문사가 숱하게 많았어요. 이렇게 학생들이 죽어도 신문에 한 줄도 안 나던 때인지라 그런 걸 밝혀내려면 그냥 변호사가 아니라 힘 있는 변호사가 필요했어요. 국회의원 배지를 단 변호사가 있어야 면회도 되고 관공서에 들어갈 수도 있고 그랬던 시절이었으니까요. 그래서 서울 서소문에 있는 민주화추진협의회(민추협) 사무실에 쳐들어가서 말씀을 드리고 그러면 언제나 경청하셨는데 그때 처음 대면했어요.

그때 제가 30대 중반이었는데 주제넘게도 찾아가서 왜 전두환이하고 사생결단으로 싸우지 않느냐고 막 으르렁거리기도 하고 딱딱거리기도 하고 어떤 때는 한밤중에 쳐들어가기도 했어요. 그런데도 항상 우리 말을 경청해 주셨어요. 1985년 신민당이 좀 이상해져서 몇몇 회색분자들이 전두환이하고 타협하려고 했어요. 내각제 개헌이 어쩌고저쩌고 그래서 우리가 '전두환과 투쟁하면 우리의 동지요, 전두환과 타협하면 우리의 원수다' 이렇게 머리띠를 두르고는 쳐들어갔어요. 30대 중반이니까 뭐 눈에 보이는 게 있었겠습니까?

그렇게 밤중에 쳐들어갔는데도 언제나 반갑게 나오셔서 경청하시고

1987년 시청 앞에서 6월항쟁을 하고 있는 시민들. (©서울기록원)

돌아올 때면 수감된 학생들에게 넣어 주라고 이렇게 봉투를 주시는 거예요. 제가 그렇게 인연을 맺었고요.

1987년 여러분이 다 기억하다시피 1987년 6월 민주항쟁은 우리나라 민주주의의 원년입니다. 그전까지 어떻게 했습니까? 전두환이 마음에 드는 몇 사람 끌어다가 통일주체국민회의 대의원이랍시고 체육관에 모아놓고 99.9% 지지로 대통령을 뽑는 간선제를 했어요. 이런 걸 어떻게 민주주의라고 할 수 있겠습니까?

1987년 1월 14일 21세 서울대생 박종철 씨가 남영동에서 고문을 받다가 죽었어요. "탁 치니까 억하고 죽었다"는 거예요. 말도 안 되는 거짓말을 하더니 급기야 범인도 은폐하고 살인사건을 조작하기까지 했어요.

그리고 5월 18일 명동성당에서 당시 정의구현사제단 대표를 하시던 김승훈 신부님이 1987년 6월항쟁의 방아쇠를 당깁니다. "박종철 고문치사 사건 범인이 은폐 조작되었다." 영장도 없이 대학생을 체포해 가서 물고문해서 죽이는 것도 모자라서 범행까지 은폐 조작한 사실을 감옥에 있던 이부영 선생님과 몇 분이 쪽지로 내보냈어요. 그 사실을 알게 된 몇 분이 고민하다가 "민주당에 갖다 줄까? 시민단체에 갖다 줄까?" 고민하다가 사제단에 갖다 준 것이 신의 한 수였어요. 김승훈 신부님이 광주항쟁 7주년 미사를 마치고 난 다음에 선포합니다. 그러니까 국민들한테 도덕적으로 신뢰를 준 거지요.

그때는 김수환 추기경이 완전히 우리 편에 서서서 광주 5·18 가족들의 구난처가 되고 수배자들이 숨는 곳이 되었어요. 그때 가족들에게 했던 일은 정말 위대합니다. 지금 여기 제물포에 있는 답동성당 신부님도 그러셨어요. 그래서 제가 민주헌법쟁취국민운동본부 상임집행위원을 하다가 구속이 됐는데 김대중 대통령이 영치금을 넣어 주셨더라고요. 이렇게 또 한 번 인연이 이어졌고요.

어떤 사회학자가 이런 말을 했습니다. '한 사회가 혁명까지는 가지 않더라도 개혁이나 변화를 성취하려면 산술적인 수치로 얘기할 때 맨 앞장서는 1% 그룹이 있고 사회 구성원의 10%가 거기에 동의해 주면 그 사회는 개혁이 이루어진다.' 6월항쟁을 생각하면 딱 맞는 말입니다. 박종철 군 고문치사 사건에 분노해서 국민들의 원성이 하늘을 찔렀고요.

그리고 뭐니 뭐니 해도 가장 앞장섰던 것은 대학생들입니다. 행정안전부에서 낸 통계를 보면, 1987년 6월 한 달 동안 전국 36개 도시에서 500만 명이 일어났습니다. 36개 도시의 공통점은 대학이 소재하고 있는 도시입니다. 그러니까 언제나 그렇듯이 동서고금에 변혁을 앞당기고 특히 20세기 이후에 민주주의를 앞당기는 세력들은 청년들입니다. 우리도 그 당시에 청년들에게 많이 빚졌지요. 이번에 계엄령 선포하던 12월 3일 한 시간 만에 국회 앞에 모여서 계엄군을 막고 탱크를 막았던 청년들에게 우리 국민이 빚진 것도 그러합니다.

그래서 6월항쟁은 역사가들이 평가하기를 직선제 개헌이라는 최소한의 목표를 성취하기 위한 최대연합입니다. 지역적으로는 제주도에서 서울까지, 연령으로는 70대 노정객에서 10대 고등학생들까지, 직선제 개헌 쟁취라는 최소한의 목표를 향해서 최대한의 연합을 이루어낸 그리고 성공할 수밖에 없었던 그런 사회운동이죠. 노무현 대통령은 그 당시 부산 국민운동본부의 집행위원장이셨고요. 문재인 대통령은 저하고 같은 상임 집행위원이었어요. 그러니까 우리 민주 진보 정권의 성립은 6월항쟁의 지연된 승리라고 볼 수 있습니다.

그사이에 짧은 감옥살이를 하고 나왔더니 저를 부르셔서 제 앞에서 이렇게 붓글씨를 써 주셨어요. 김구 선생이 자주 말씀하셨고 서산대사가 쓴 선시禪詩라고 알려진 문구입니다. "눈 덮인 광야를 걸어갈 때 발걸음을 흐트리지 말아라. 오늘 내가 걷는 이 길은 후일 이정표가 된다."● 그런 인연이 있은 뒤 1987년 대통령 선거에 나오셨을 때 MBC에서 찬조 연설도 하면서 인연이 더 깊어졌고요.

1987년 6월항쟁의 짧은 승리가 끝나고 여러분 기억하다시피 7·8월에 노동자대투쟁이 일어났어요. 그전까지는 노동조합을 건설하려고 하던

● 踏雪野中去 不須胡亂行 今日我行跡 遂作後人程

모든 사람은 잡혀가거나 테러를 당하거나 감옥을 살거나 그랬습니다. 그러니까 어찌 보면 일제가 패망하고 1948년 우리가 대한민국 정부를 세운 뒤 민주주의라는 법과 제도가 정말 어느 날 갑자기 우리 현관 앞에 놓인 꽃다발처럼 찾아온 거예요. 그러나 우리 국민들은 그때 그 민주주의의 운영 원리를 알지도 못했고 헌법이 명시한 민주공화국의 주인으로서 국민이 마땅히 누려야 할 시민적 자유와 권리에 대해서도 무지했습니다. 한마디로 좋은 제도가 들어왔지만 그것을 운용할 수 있는 지식과 역량이 매우 부족했습니다. 그러는 사이에 이승만 독재가 고등학생들의 데모를 선두로 국민의 힘에 의해서, 청년의 힘에 의해서 무너졌고요.

그 뒤에 박정희 18년 특히 1972년 이후 유신독재는 한국적 민주주의라는 레토릭을 썼지만 사실 종신집권체제였거든요. 그리고 박근혜 정부 당시 대법원에서 판결한 것처럼 긴급조치는 위헌입니다. 그러니까 "모든 국민은 인간으로서의 존엄과 가치를 가지며, 행복을 추구할 권리를 가진다. 국가는 개인이 가지는 불가침의 기본적 인권을 확인하고 이를 보장할 의무를 진다"는 헌법 제10조부터 "모든 국민은 언론·출판의 자유와 집회·결사의 자유를 가진다"는 제21조까지 이 모든 것들이 박정희 서거 당시까지는 차단되어 있었어요. 민주주의가 아니었죠. 우리 헌법은 너무나 잘 돼 있습니다. 당시 유진오 박사가 초안을 잡았는데 대륙법과 영미법을 혼합해서 전 세계 문명국가 어디에도 뒤지지 않는 헌법을 잘 제정했습니다.

그러나 그것을 현실에서 구현할 국민적 지식과 역량이 부족했기 때문에 민간독재와 군사독재를 경험했던 것입니다. 1987년 6월민주항쟁 때 그것도 정치인의 힘이 아니라 공화국의 주인인 국민의 힘 People Power 으로 성취한 겁니다. 그때까지 김대중 대통령은 다섯 번의 죽을 고비를 넘깁니다. 수년에 걸친 망명·연금이 계속되었고요. 이런 험악한 시대에 그분이 죽지 않고 살아서 대통령이 되고 노벨평화상을 받고……. 이 모든 프로세스가 기적이라는 생각이 들어요.

매우 훌륭하고 아름다운 헌법은 보유하고 있었지만 그 헌법의 원리와 운용을 현실에서 구현할 수 있는 국민적 역량과 지식이 너무나 부족했기 때문에 민간독재와 군사독재가 그렇게 오랫동안 1987년 6월까지 지속이 된 거거든요.

김대중 대통령님은 언어가 유머러스할 때가 많습니다. 독일 철학자 하이데거가 말한 것처럼, "언어는 존재의 집이며 인간의 거처입니다." 말은 그 사람 자체예요. 우리가 모든 생각을 말에 담아내잖아요. 1987년 6월 10일 항쟁이 일어나고 6월 16일 평화대행진을 해서 한 번 더 폭발합니다.

그때 전두환이 계엄을 선포하려고 합니다. 계엄령 그러니까 여러분 오싹하죠. 몇 달 전 생각도 나고요. 그 계엄령 이후에 지금 처음입니다.● 계엄령 생각하면 저도 정말 기가 막힌 일들이 있죠. 저도 참 제 동생들과 더불어 전두환 밑에서 고문당해서 죽지 않은 걸 행운으로 생각합니다.

그때 김대중 대통령 말씀이 생각나요. '인간에 대한 한없는 아름다움을 느꼈다.' 말에 혼이 있다는 생각이 든 것은 노무현 대통령 서거 당시 말씀입니다. "내 몸 반쪽이 없어졌다." 이것만큼 절실하고 정확한 말이

● 윤석열이 선포한 12·3 계엄을 말한다.

있을까 싶습니다.

87년 6월 16일을 전후해서 계엄령 설이 돌았습니다. 30년 봉인이 해제되면서 알게 됐는데 계엄령을 실제로 검토했습니다. 나중에 문건으로 확인된 것은 87년 6월 15일 전후해서 미 국무부 아시아태평양 담당관리들이 빈번하게 한국을 방문합니다. 기록으로 남아 있어요. 국무부 아·태 담당관, 스티븐 솔라즈 하원외교위원회 아시아태평양문제소위원회 위원장 이런 분들이 지한파이고 한국외교를 담당하고 있는, 말하자면 창구였죠. 그분들이 왜 왔을까요?

나중에 스티븐 솔라스가 1987년 연말에 이런 말을 해요. "한국의 6·29선언은 미국 평화외교의 결실이다." 그때 입국해서 전두환에게 계엄령 선포를 못 하도록 말린 사실은 있습니다. 그런데 전두환이 왜 비상계엄을 선포하지 않았을까요? 저는 못 했다고 봅니다. 이미 그때 36개 도시에서 500만 명이 일어나서 직선제 개헌을 요구하고 공정한 대통령 선거를 요구했기 때문에, 전두환이 사용할 수 있는 군인·경찰·검찰 등 모든 물리력을 동원해서 국민의 분출한 힘을 누를 수 없었기 때문에, 계엄령은 선포를 안 한 것이 아니라 못 한 것입니다.

저는 6월 10일 국민운동본부 핵심 지도부 13명은 사형시키는 걸로 나와 있다고 들었습니다. 그때 제가 서대문 구치소에 수감 중이었는데 조영래 변호사가 찾아오셔서 말씀하신 기억이 있어요. 6월 18일로 계엄령 선포설이 있어서 너무나 무섭다고 굉장히 어두운 얼굴로 말씀하셨죠. 그러나 6월 26일 평화대행진 때는 더 크게 터져 올랐거든요. 그러니까 계엄령은 전두환이 쓸 수 있는 모든 합법적 폭력보다 우리 국민이 분출한 힘이 더 컸기 때문에 계엄령을 선포 안 한 것이 아니라 못 한 것이라고 봅니다. 그때 김대중 대통령께서 광주 5·18이 생각이 나고 자신을 도와 준 모든 사람들이 다 잡혀가서 쥐도 새도 모르게 죽을 수도 있다고 생각 하신 듯합니다.

양성적 인간

김대중 대통령은 평생 메모광이셨어요. 깨알같이 메모를 해요. 아주 훌륭한 습관이죠. 여러분 오늘부터 메모를 하세요. 제가 왜 이 말씀을 드 리는지 나중에 아시게 될 거예요. 메모광이신데 돌아가신 다음에 27권 의 메모 책이 발견됐어요. 그중 최근에 발견된 걸 제가 지금 나누어 드렸 어요. 거기 보시면은 나와 있죠. 평생 메모광이셨어요. 그때 동교동 사저 에 자그마한 정원이 있는데 꽃 가꾸는 걸 너무너무 좋아하셨어요. 제가 아까 이육사 얘기를 했는데 자신의 신념과 민주주의를 향한 그 올곧은 의지, 그리고 고난을 감내해 내는 강인한 마음의 근력, 이런 점에서는 남 성성의 어떤 최고치라는 점에도 동일합니다.

그런데 심성이나 언행이나 평소에 하는 모습은 굉장히 세심하시고 친 절하고 다정다감한 여성성을 갖고 계셨어요. 사회학에서 가장 이상적인 인간형으로 양성성이라는 개념이 있어요. 그러니까 남성성과 여성성의 조화는 이루기 어렵거든요. 고난을 인내하는 끈질긴 그 저력, 신념에 대 한 확고한 자세, 그리고 자신의 의지를 실천하는 일관성 있는 태도 이런 것들은 남성성에서는 최정점에 있다고 보고요. 노무현 대통령도 비슷하 시죠! 그런가 하면 일상에서는 매우 섬세하고 말이 따뜻하고요.

늘 유머가 풍부하고 남자보다는 여자를 훨씬 더 귀하게 여겼습니다. 그때는 페미니즘이라는 단어가 없었을 때인데 그런 페미니스트적인 면모를 많이 보이셨지요. 서거하시고 난 다음에 언론사에서 원고 청탁을 하길래 제가 제목을 '보기 드문 양성적 인간'이라고 썼어요. 6월항쟁이 한창 진행이 되고 계엄설도 떠도는 그때 얼마나 무서우셨겠어요? 전두환 신군부에서 사형을 언도받았는데, 그래서 마당에 있는 꽃삽으로 장미를 옮기는 척하면서 그 밑에다가 자신을 도와준 분들의 명단이 쭉 있는 수첩을 묻었어요.

그 일거수일투족은 다 정보원들이 보고 있습니다. 지금 동교동에 있는 김대중 사저거든요. 그 앞에 조그마한 뜰이 하나 있는데 늘 꽃 가꾸기를 좋아하시고 새를 좋아하고 그러시니까 새 먹이도 자주 주셨죠. 그래서 꽃삽을 들고 와서 도움 주신 분들의 리스트가 있는 수첩을 장미 포기 밑에다가 파묻었어요. 주시하던 정보원들이 아무도 의심을 안 했죠. 평소 하던 대로 장미꽃을 옮겨 심는 거니까요. 장미가 잘 피라고 잠시도 가만히 안 둬요. 이렇게 옮기고 저기 옮기면서 햇볕을 잘 보게 하죠. 그해 장미가 유난히 풍성하고 아름다웠답니다.

6월항쟁이 한창이던 그때에, 나중에 말씀하시기를, "인간에 대한 한없는 아름다움에 전율했다"고 하셨어요. 500만 명이나 되는 넥타이 부대 내지는 평범한 시민들이 직선제 쟁취를 외치면서 거리로 쏟아져 나왔거든요.

이렇게 극한적 고통을 이길 수 있는 힘이 어디서 나오는 걸까 하고 더러 생각한 적이 있는데 1980년 5월 17일 전두환이 비상계엄을 전국으로 확대하면서 많은 학생들과 정치인들이 예비구금되거나 영장도 없이 체포됐습니다. 그때 잡혀가서서 5·18항쟁이 일어나는 것도 모르고 육군교도소에 갇혔어요. 군법회의에서 계엄법에 따라 사형 선고를 받고 청주교도소로 오셨어요. 머리 깎은 사진이 바로 청주교도소에 계실 때 사진이에요.

그해에 미국 대선이 있었는데 레이건과 카터가 맞붙었어요. 잘 아시겠습니다만, 레이건은 신자유주의를 표방한 보수 후보였고 카터는 인권을 소중하게 생각하는 민주적 진보 진영 후보였어요. 감옥에서 생각하기를 카터가 당선되면 내가 사형에서 벗어나서 살아갈 수 있겠지만 레이건이 당선되면 나는 그날로 사형에 처해질 것이다, 하셨대요. 그래서 가을에 낙엽이 떨어지는 소리가 들릴 때면 사형 집행인이 당신을 데리러 오는 줄 알고 그렇게 깜짝깜짝 놀라면서 하루하루를 보내고 있었어요.

그런데 12월 25일 갑자기 전두환이 석방합니다. 석방된 뒤 미국으로 가시게 되죠. 한 4년 계시다가 1984년 겨울 돌아오셔서 민추협을 만드십니다. 그때 저와 몇몇 분에게 자주 하신 말씀이 근데 미국에 도착해서 보니까 당신이 생각했던 것과는 정반대더라는 거예요. 만약에 카터가 됐으면 그날로 죽었을 거라는 거예요. 왜냐하면 전두환이 레이건과 딜을 해야만 했기 때문에 카터는 안 들어줄 거거든요. 그래서 "행운의 여신은 간혹 끔찍한 얼굴로 찾아온다"는 말씀을 여러 번 하셨어요. "레이건이 대통령에 당선됐으니까 다음 날 나는 죽겠구나!" 이렇게 생각했는데 가서 보니까 레이건과 딜을 하는데 미국 쪽에서 "김대중 풀어줘라" 이렇게 된 거예요. 그래시 살아남은 것이지요.

그분이 쓰신 옥중엽서를 보면 한없이 섬세하고 자상하고 따뜻하고 고운 심성을 그대로 볼 수 있어요. 당시 교도소에서는 한 달에 한 번 봉함엽서 편지를 쓸 수 있게 했어요. 나중에 보니까 원고지 80장 분량을 옥중편지로 썼어요. 아주 작은 글씨로 쓴 걸 보면 꼭 자수 틀을 보는 것 같아요. 어떻게 이렇게 강인한 신념과 자잘한 섬세함·친절함·따뜻함 이런 감성들이 한 사람의 몸 안에서 이렇게 조화를 이룰 수 있을까? 이런 생각이 들어요.

어쨌든 저는 그 험악한 민간독재 군부독재 시절을 다섯 번의 죽을 고비와 수년간의 연금과 망명을 거치면서 대통령이 되고 그리고 노벨평화상을 타고 지금부터 말씀드리려고 하는 이 많은 업적을 어떻게 이루셨을까! 이것이 김대중 대통령의 인간적인 면모입니다.

민주적 시장경제

아직은 바르게 평가되어 있지 않습니다만, 그의 사상적인 측면을 살펴보겠습니다. 군사독재 정권은 김대중에게 '과격한 빨갱이'라는 덫을 씌웁니다. 저는 단군 이래 최대 거짓말이라고 말합니다. 그는 철저한 의회주의자였어요. 그리고 그 사상적 골격을 간추려 보자면, 첫째는 민주적 시장주의자였어요. 집권하면서 첫마디가 "민주주의와 경제는 동반성장 가능하다"였어요. 우리가 보통 박정희 유신독재를 가르쳐 파시즘이라고 그러잖아요. 파시즘은 나라마다 문화마다 다 달라서 여러 가지 형태가 있지만 간추리면 경제성장을 위해서 국민이 누려야 할 시민적·정치적 자유와 기본권을 금압하거나 없애 버려도 좋다고 생각하는 사상적

경향을 우리가 통칭해서 파시즘이라고 부릅니다. 그렇게 보면 무솔리니나 히틀러 또는 일본 천황주의 그리고 박정희의 군사독재는 파시즘이 맞습니다. 그 파시즘에서 말하기는 민주주의는 경제성장에 걸림돌이 되는 장애물, 즉 대립항으로 설정을 해요.

그런데 당선되고 첫 말씀이 "민주주의와 경제는 동반성장할 수 있다. 둘은 서로 배척되는 가치가 아니다" 이렇게 말씀을 하십니다. 제가 취임사 기초위원으로 참여를 했거든요. 97년 12월 20일부터. 그래서 제가 그걸 뚜렷이 기억을 하고 있는데 일성이 왜 민주적 시장경제일까? 왜 그랬을까를 생각해 보면 이 민주적 시장경제는 독일이 2차대전 패전 이후에 초토화된 국토 위에서 경제성장을 하기 위해서 창안한 개념입니다.

사회적 시장경제라 함은 자유시장 경제의 자율성과 효율성을 인정하고 극대화하면서 동시에 사회적 약자와 소외자에 대해서 국가가 개입해야 된다는 주장이에요. 독일 말로는 사회적 시장경제라고 그러는데 그거를 말씀하셨던 것 같아요. 우리나라에서는 사회적이라는 말을 꺼내면 사회주의부터 생각하잖아요. 레드 콤플렉스가 워낙 강하게 깔린 사회니까요. 독일이 패전 이후에 경제를 성장시켜서 세계 3위 국가로 가는 지름길이 사회적 시장경제 체제거든요. 이것을 변형한 것이 민주적 시장경제가 아니었나 싶고요. 철저하게 자유 시장경제를 옹호하시는 분이셨어요. 그러나 자유 시장경제가 극대화되면 자본주의의 폐해가 드러나고 사회가 양극화되거든요. 그럴 때 국가가 개입해서 약자와 소외자를 배려하는 정책을 펼쳐야 한다는 거예요.

국가인권위원회와 여성부 신설

두 번째는 햇볕정책으로 알려진 것처럼 여러분이 너무나 잘 아는 인권 평화주의자입니다. 인권과 평화를 인류가 지향해야 하는 가장 최고의 가치, 최고의 보편적 가치로 여기셨던 인권 평화주의자입니다. 그래서 후보 시절에 국가인권위원회를 설립, 여성부 신설을 약속하고 이를 지켰습니다.

제가 김대중 대통령 지명을 받아서 첫 국가인권위원회 제1기 상임위원을 했습니다. 그것도 언젠가는 여러분한테 시간이 있다면 국가인권위가 어떤 일을 하는지 좀 말씀을 드리고 싶은데 지금 거기가 지옥이 돼 있습니다, 보시는 바와 같이. 국가인권위원회와 여성부를 창립하셔서 여성의 누적된 여러 정치적·경제적·사회적 차별을 해소하기 위해서 국가 기구를 만드셨고요.

국가인권위는 제가 3년을 제1기 상임위원으로 근무를 했는데 그 당시에 매우 뜻있는 일을 많이 했고요. UN에서 한국의 국가인권위원회를 벤치마킹해라, 이렇게 해서 많은 나라에서 한국의 국가인권위원회를 배우기 위해서 공부하러 오기도 했습니다. 국가인권위원회는 우선 입법·사법·행정 그 어느 기구에도 속하지 않는 독립적인 기구입니다. 다음으로 예산과 인력은 정부로부터 받지만 추구하는 가치와 지향하는 목표는 철저히 시민사회적입니다. 이런 것들을 UN에서 굉장히 높게 평가를 했고요. 그래서 국가인권위원회가 없는 많은 나라에 대해서 한국에 가서 배우라고 권고를 할 정도였습니다.

그렇게 볼 때 인권과 평화는 좌나 우, 진보나 보수, 인종이나 성별 등을 떠나서 가장 보편적인 가치입니다. 세계인권선언 제1조는 다음과 같이 말하고 있어요. "모든 인간은 태어날 때부터 자유로우며 그 존엄과 권리에 있어 동등하다. 인간은 천부적으로 이성과 양심을 부여받았으며 서로 형제애의 정신으로 행동하여야 한다"고 말합니다. 인류가 문명사회를 이룩하고 난 이후에 그 누구도 이의를 제기할 수 없는, 인간이 추구해야 되는 가장 보편적인 가치라고 볼 수가 있죠.

햇볕정책

이솝 우화입니다. 길 가던 행인의 꽁꽁 싸맨 옷을 벗기는 것은 센 바람이 아니라 햇볕입니다. 북한은 사실 국가라기보다는 21세기 왕조와 비슷하죠. 그러나 5000년 동안 함께 살았던 민족입니다. 한 7~80년 헤어져 있기는 했어도 결국 같이 살아야 되잖아요. 선거에서 이기고 개표에서 진 선거이기는 하지만, 1971년 대통령 선거는 갖가지 부정을 동원한 결과 10% 차이로 진 거든요.* 이 선거를 계기로 박정희 대통령은 다음에 DJ하고 붙으면 못 이기겠구나 생각하고 유신을 해 버린 거예요.

그리고 이미 그것도 예언을 하셨어요. 이제 그런 점에서 볼 때 인권 평화주의자로서의 면모는 햇볕정책을 통해 잘 드러납니다. 북한과 대화를 해야만 한다, 그러면서 4대국 보장론과 3단계 통일론을 내세웁니다. 이혼한 부부가 있어요. 쉽게 말하면 오랫동안 이혼했어요. 70년 동안. 근데 하루아침에 같은 방을 쓸 수는 없잖아요.

● 박정희 634만 2828표 득표, 김대중 539만 5000표 득표.

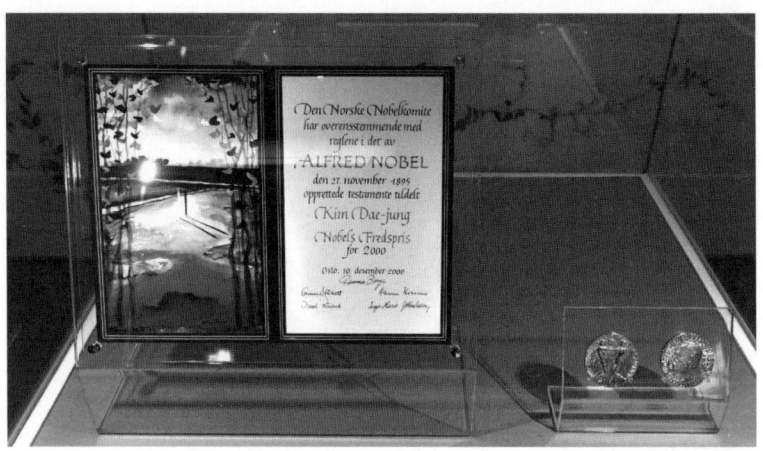

김대중 대통령이 수상한 노벨평화상 기념 메달과 수채화. 노벨상은 선정 이유를 수채화로 밝히는 것으로 유명하다. 김대중 대통령 노벨평화상 수채화는 햇볕정책을 그렸다.

처음에 이웃으로 오고(평화적 공존), 그다음에 같은 집에 들어오고(교류 확대), 그다음에 한방을 써야 된다(평화통일). 지금 우리는 휴전 중입니다. 전시 상태지요. 휴전협정을 평화협정으로 대체한다는 게 그토록 어려운 일이에요. 평화협정을 맺고 양쪽에서 쓰고 있는 국방비의 절반만 줄여도 지금 우리 삶은 훨씬 더 좋아질 수 있습니다. 북한에 상하수도·도로·항만·통신 등 사회간접자본을 지금 대한민국이 보유하고 있는 정도의 한 70% 정도 수준으로만 끌어올려도 남북한이 10년은 먹고살 수 있어요. 그래서 3단계 통일론이에요. 그리고 이렇게 되기 위해서 미·일·중·소 4대국이 이 평화 프로세스를, 안전을 보장해 줘야 된다. 이것은 철저하게 평화와 인권의 철학에 기초한 정책이라고 볼 수 있습니다.

복지국가

세 번째가 복지정책인데요. 웰페어, 즉 복지라는 말이 처음에 생긴 게 지금 지구상에서 복지제도가 가장 잘 구현되고 있는 스웨덴·핀란드·노르웨이 등 노르딕 3국이에요. 근데 이 복지라는 말을 처음 창안한 분이 올로프 팔메라는 스웨덴의 젊은 총리예요. 지금 우리 식으로 얘기하자면, 이 사람은 강남좌파예요. 집도 부자고 가문도 좋고 학력도 좋고요. 그런데 진보적인 거예요. 이분이 웰페어라는 말을 처음 창안하고 복지정책을 쓰기 시작해서 지금 북유럽의 복지가 전 세계에서 1등인 거예요.

그런데 이분이 어떻게 죽는지 아십니까? 그러니까 어느 나라이든 우리도 지금 그런 조짐이 좀 보이는데요. 문명국가에도 극단 세력은 있기 마련이에요. 링컨이나 케네디가 누구한테 죽었습니까? 이 스웨덴 총리 올로프 팔메가 극우 청년에게 암살당합니다. 그리고 영원한 미제 사건입니다. 케네디처럼.

국민의 일상과 생활 수준이라는 측면에서 볼 때는 인권 평화주의의 사상도 중요하고 시장경제주의 사상도 중요하지만 정책으로 드러난 것은 국민기초생활보장법입니다. 들어 보셨죠? 자신의 노동으로 생존을 꾸려갈 수 없는 최하위 한 20% 정도의 국민에게 기초생활연금을 지급하는 거예요. 그게 2000년 10월에 이루어졌거든요. 2022년 기준으로 200만 명이 혜택을 보고 있는 걸로 알고 있습니다. 그거 만약에 없으면 우리도 북한처럼 굶어 죽는 사람 생깁니다. 지금도 폐지 줍는 노인들 있잖아요. 그래서 2000년 10월 국민기초생활보장법을 할 때 빨갱이 정책이니 사회주의 정책이니 뭐다 해서 보수정당에서 반대가 심했죠.

그걸 관철했습니다. 복지라는 차원에서 볼 때 북유럽식 복지를 앞당기는 그런 정책이라고 볼 수 있고요.

문화 대통령

특히 김대중 대통령에게 주목을 해야 될 부분은 문화정책입니다. 지금 K-팝이니 K-시네마, K-드라마, K-푸드, K-뷰티 등 이 K-문화 전반이 지구를 휘젓고 있어요.

앞으로 우리 민족은 문화적으로 정말 번창할 겁니다. 그런데 우리 문화산업 생산물이 전 세계를 누비기 시작한 첫 시도가 언제였냐, 우리나라의 첫 천만을 돌파한 영화가 김대중 정부 시절에 3편 나왔어요. 〈쉬리〉〈공동경비구역 JSA〉 등등 있는데요. 한번 보세요. 이 영화가 무슨 내용입니까? 〈공동경비구역 JSA〉는 남북한 군인이 공동경비구역에서 만나서 노는 얘기예요. 따뜻한 상상이죠. 여러분이 초·중·고등학교 다니실 때 정지용 시인 그러면 정하고 동그라미 용 '정○용' 이렇게 배웠죠.

납북되거나 월북한 작가들에 대해서는 이름조차도 제대로 쓰지 못했어요. 물론 그 자료에 대한 접근도 철저하게 통제했어요. 그거 보다가는 국가보안법으로 다 잡혀갔어요. 김대중 정부 들어서 북한의 자료 접근에 대한 제한을 모두 해제했어요.

그때부터 유명한 향수의 시인 정○용도 정지용이라는 온전한 이름으로 부를 수 있게 됐습니다.

여러분 지금부터 100년 전까지를 한번 생각해 보세요. 지금부터 100년 전이면 일제강점기잖아요. 1세기 안에 왕정·외세침탈·식민지·의

병전쟁·독립운동·해방·분단·전쟁·독재·가난·경제성장 이런 인간사의 가장 무거운, 변화무쌍한 많은 주제를 1세기 안에 품고 있는 나라는 대한민국이 유일합니다.

어떤 분들이 한류 열풍이 금방 사그라들 거라고 비관적인 전망을 하시기도 하는데요. 저는 그렇게 안 봅니다. 극과 극을 오고 가는 생사가 걸린, 극한적이고도 심오하고 깊은 이런 경험을 집단적으로 운명적으로 겪은 나라가 한국이고요. 그런 경험들이 한류의 핵심을 이루는 사상과 현상이라고 저는 생각해요. 그래서 저는 이것이 일회적인 현상이 아니라고 봅니다. 그러니까 김대중 대통령의 철학이 만고의 진리입니다. 문화는 어느 인종 어느 국가 어느 체제이든 간에 지원하되 정부가 해야 될 일은 지원하되 간섭하지 말아야 한다, 이것이 진리입니다. 그냥 지원만 했어요. 그리고 그때 천만 관객 영화가 나오고 오늘날 K-시네마가 있는 거예요. 문화적 다양성을 존중하는 리버럴리스트가 그분의 문화 철학이자 정책이었어요.

이 역사가 그리 오래 지나지 않았기 때문에 아직은 역사적 평가가 제가 보기엔 좀 인색하고 제대로 되어 있지 않아요. 언젠가 남북한의 평화 교류가 이루어지고 갈라진 역사 평가가 아니라 온전한 의미의 역사 평가가 이루어질 때가 되면 다를 거라고 생각해요. 물론 햇볕정책도 중요하지만 그 문화적 다양성을 존중하는 리버럴리스트 그리고 소득 하위 20%에 있는, 국가가 케어하지 않으면 생존이 불가능한 저소득층에 대한 국가의 보호 이런 것들이 저는 이후에 높은 평가를 받을 수 있으리라고 확신합니다. 아직은 매우 서평가가 되이 있지만요.

기초생활보장

　김대중 대통령이 정치인으로서 5년 동안 이루어낸 정책적인 성공에는 여러 가지가 있죠. 다음으로 그분의 철학 중 가장 밑바탕이 되는 것은 가톨릭 신앙입니다. 종교적 강박관념이 있지 않았나 싶을 정도로 자기를 죽음에 몰아넣었던 그 군사 세력들을 용서하고 화해합니다. 그건 인사에서 드러나요. 첫 국정원장을 누가 했나요? 민정당을 창당한 주역이었던 이종찬 씨를 국정원장에 임명했어요. 적진의 한가운데 있던 사람을요. 그리고 당시 민주당의 핵심이었던 김종권 씨를 비서실장으로 쓰고요. 또 그다음에 민정당 창당의 주역이지만 경제성장에 있어서 매우 후세에서는 높은 평가를 해주리라고 보는 박태준 포항제철 회장님, 어제 이재명 대표가 박태준 묘에 가서 절을 하셨더라고요. 참 영리한 분이구나 하는 생각을 했는데요. 우리 포항제철이 가지는 의미는 경제성장에서 변곡점을 이루는 것이거든요. 박정희 이승만까지 절하는 거야 그럴 수도 있다고 보는데 박태준 포스코 회장을 찾아간 건 굉장히 의외였는데 정말 영리하신 분이구나 하고 제가 깜짝 놀랐습니다. 김대중 대통령은 박태준 씨를 총리를 시켰어요. 저같이 군사독재와 싸우다가 징역 갔다 왔다 하고 고생했던 사람들은 그때 막 욕했죠. 무슨 놈의 화해가 그 모양이냐, 죄지은 놈은 응징을 하고 단죄를 해야지 무슨 용서를 하고 그것도 모자라서 총리 시키고 국정원장 시키냐고 무척 못마땅해하며 비판도 많이 하고 그랬죠. 김대중 대통령은 어떤 종교적인 용서와 화해에 대한 집착이 있으셨어요.

　가장 감동적이었던 것은 비상계엄 중이던 전두환 군사법정에서 하신 최후 진술입니다. "나는 이제 죽는다. 그런데 내 사후에라도 혹시 민주진영이 집권하거들랑 절대 정치보복 하지 마라. 용서해라." 제가 이제 나이를 많이 먹으니까 약간 이해가 가는데요. 그때는 '뭐 저딴 말이 있어' 이렇게 생각했던 적이 있어요. 그래서 실제로 집권하신 다음에 적진의 한가운데 있던 분들을 기용을 하셨거든요. 그런 것들이 분명 한계도 있겠지만 어쨌든 용서와 화해에 대한 종교적 지향이 바탕에 깔려 있었던 분이시고요.

평화 지향의 철학, 복지의 창출, 인권평화의 지향점 등과 같은 사상이 응어리져서 창출한 정책이 기초생활보장입니다. 만약에 국가가 개입을 하지 않으면 굶어 죽을 수도 있는 사람이 200만 명가량 됩니다. 엄청난 진전을 이루었고요.

가족법 개정

정책으로 보면 말씀드린 인권위원회나 여성부와 같이 누적된 차별을 해소하기 위한 국가기구 창설이 있습니다. 페미니스트라는 말이 없었을 때인데, 타고난 페미니스트라고 말씀드린 게 가족법 개정과 호주제 폐지입니다. 가족법 개정은 김대중 대통령 때에, 호주제 폐지는 노무현 대통령 때 되었는데요.

여기 여성들이 많이 있습니다만, 지금의 MZ 여성들이 20·30 여성들이 이번 비상계엄 사태에서 나라를 구했습니다. 그동안 그들의 비정치성 몰역사성, 그러니까 정치라면 더러운 것이라면서 이렇게 손을 내젓고 역사에 대해서 잘 모르는 걸 굉장히 걱정했던 기성세대로서 이번에 제가 매번 응원봉 집회에 나가 보면서 12월 14일 탄핵 의결되는 날을 잊지 못합니다.

마포대교 남단에서 버스가 정차해서 더 이상 못 가서 내려서 약속 장소인 국회 앞까지 가는데 양쪽으로 여의도공원 국회 앞 광장을 눈여겨 봤는데 제가 정말 눈물이 났어요. 한 70~80%가 20·30 여성들이었어요. 그래서 제가 공연히 내가 기성세대로서 정말 쓸데없는 걱정이었구나, 이제 너희들이 10년 후가 되면 박근혜 대통령처럼 아버지의 후광으로 대통령이 되는 게 아니라 너희들 손으로 여성 대통령도 뽑을 수 있고 그런 날이 오겠구나, 싶은 마음에 그날 참 감동스럽고 눈물이 계속 났었거든요.

그래서 지금 여기 계신 여성들만 해도 젊어서 모르실 텐데 제가 51년생인데요. 제가 고려대학교 들어갈 때 1600명 중에 여학생이 몇 명이었게요? 40명이었어요, 40명. 우리 세대 여성은 초등학교나 중학교를 졸업해서 대구 인근에 있는 봉제공장이나 가발공장에 가서 3교대로 일을 하면서 남동생이나 오빠의 대학 공부를 시켰어요. 저희 이종사촌 여자 언니 동생이 한 20명 있는데요. 저만 대학을 나왔어요. 저희가 잘살아서 그런 게 아니에요. 아버지가 그냥 공부를 해야 인생이 의미 있어진다고 그러셨기 때문에 그렇게 한 건데, 좀 운이 좋았던 거고요. 그런 아버지를 만났으니까요.

교육 기회는 말할 것도 없고요. 고용에서 차별도 아직 많이 있습니다. 그래서 미국에서 제일 처음 어퍼머티브 액션Affirmative Action이라고 해서, 누적된 차별을 일거에 해소하기 위해서는 과격할 필요가 있다는 적극적

우대조치를 말합니다. 요즘 이 페미니즘이 제가 볼 때 잘못된 방향도 있어요. 무조건적인 남성에 대한 혐오감 이건 잘못된 거예요. 이건 페미니즘의 본령이 아니거든요. 여자는 그냥 초등학교나 기껏 나와 중학교 나와서 공장 가서 여공 일을 하고 집안을 돕는 것이 99%였죠. 근데 지금 대학 진학률은 여성이 더 높습니다.

여러분, 우리나라 이렇게 민주주의 되고 비상계엄을 이렇게 국민의 힘으로 막아내고 탱크를 막아내고요. 이런 게 제가 EBS에 있어서 드리는 말씀이 아니고 교육의 힘입니다. 배우지 않았으면 저 사람들이 위헌을 저지르고 있다는 걸 어떻게 알겠습니까? 우리가 공화국의 주인으로서 헌법 제10조에서 제21조까지에 있는 모든 표현의 자유와 참정권과 양심의 자유와 출판의 자유와 이 모든 걸 우리가 누릴 수 있다는 걸 알기 때문에 한 거잖아요. 그래서 여성이 똑똑하면, 암탉이 울면 집안이 망하는 게 아닙니다. 암탉이 울면 알을 낳습니다. 그래서 제가 이번 20·30 여성들의 비상계엄을 대하는 태도와 집단적 움직임을 보면서 너무나 감격스러웠습니다.

김대중은 1964년이면 정말 너무 아주아주 오래된 시절 그러니까 여자는 사람이 아니었던 때예요. 그런 때에 문패를 김대중 옆에 이희호 이렇게 나란히 두 개를 붙여놨어요. 그때가 또 시어머니 모시고 살던 때인지라 상상할 수도 없는 혁명적인 발상이죠. 근데 그 뒤에 말씀이 더 진심이에요. 그렇게 집을 들고 날 때마다 김대중·이희호 이렇게 쓴 것을 보니까 없던 동지 의식도 무럭무럭 더 생겨나더라. 꼴 보기 싫은 남편 손도 오래 잡고 있으면 따뜻해지거든요. 그러니까 말하자면 가끔 형식이 내용을 규정할 때도 있거든요. 그런 의미에서 가장 선구적인 페미니스트였어요.

가족법을 개정하려고 하는데 내가 누구라고는 얘기 안 하겠습니다만, 가족법 개정 소위원장이 상정을 해야 하거든요. 법사위에 올려야 전체회의로 갈 거 아닙니까? 법사위 소위원장이 이걸 안 올리겠다고 도망가 버린 거예요. 나는 이거 못 올리겠다고, 내가 모든 남성의 적이 될 수는 없지 않냐고 도망가 버렸어요. 회의가 열렸는데도 안 나타나길래 전격 해임합니다. 그래서 가족법이 개정이 되고요. 이제 본회의에서 통과가 되니까 그때 막 박수가 터져 나왔어요. 그러니까 옆에 있던 의원이, 아니 남자 권리 다 내주고 뭐가 좋아서 박수까지 치냐고 핀잔하더라고요.

페미니스트

그래서 고용과 교육 기회에 있어서 여성의 동등한 권리에 대해서 그 누구보다도 맨 앞에 서 계셨던, 지금 말로 치자면은 '찐페미니스트'셨어요. 페미니스트라는 말은 우리가 21세기 들고 이제 생긴 말인데요. 돌아보면 정말 그런 찐페미니스트인 분이 40년 동안 그 험한 정치를 해오면서, 살아서 대통령까지 한 게 어쩌면 기적이라고 생각합니다.

우리나라 국민이 사실은 굉장히 보수적이에요. 왜냐하면 아놀드 토인비라는 유명한 영국의 역사학자 있잖아요. 그 사람이 한국을 조금 평가 절하하고 폄훼하는 발언을 했는데요. 18개 국어를 하고 언어를 통달하신 금세기 최고의 역사학자인 그분이 한국 무엇에 주목을 했냐면요. 한국인은 매우 보수적인 국민이다. 왜냐? 그러니까 인류가 문명을 발생한 걸 한 3000년 된 걸로 봅시다.

그동안에 한 2000년은 왕조였잖아요. 왕조였는데 동서고금에 한 왕조가 500년 이상 가는 경우는 어디에도 없습니다. 그 유명한 진시황의 진나라도 200년이 안 됐어요. 근데 우리나라 보세요. 조선 500년, 고려 500년, 통일신라는 1000년입니다. 이런 나라가 없다는 거예요. 그래서 매우 보수적이다, 하는데 실제로 보수적인 면이 있죠.

호주제 같은 경우에도 일제가 호구 조사에서 식민지 침탈을 더 효율적으로 하기 위해서 만든 게 호주제입니다. 그런데 그 원조 국가인 일본과 중국은 일찌감치 다 없애 버렸어요. 중국은 마오쩌둥 혁명하면서 사회주의 과정에서 없애 버렸고요. 우리만 그때까지 가지고 있었던 거예요. 굉장히 보수적인 국민인 건 틀림없어요.

그런데 왜 이렇게 비상계엄에, 그것도 20·30이 앞장서는 게 이게 뭐 때문일까 하고 제가 곰곰이 그 감격 속에서 생각해 봤어요. 제가 대학 갈 때 여성 중에 1%만 대학을 갔습니다. 그런데 지금은 여자가 더 많이 가거든요. 그래서 이것이 정말 교육의 힘이라는 걸 느꼈고요.

그리고 기왕에 얘기를 하는 김에… 남성들은 좀 언짢으실지 모르겠는데요. 괜찮죠? 김대중 대통령이 노벨평화상 수상하신 직후에 당시 독일 사민당 대표가 방한했어요. 독일은 문명국가 가운데 가장 합리적인 정치제도를 갖고 있는 나라예요. 거기는 연정도 잘합니다. 어느 한 당이 사민당이나 기민당이나 이렇게 한 당이 절반 이상을 못 넘기 때문에 늘 이렇게 연정을 해요. 그래서 어떨 때는 신호등 연합도 해요. 우리로 치면 정의당·민주당·국힘당이 한꺼번에 하는 정책을 가지고 연합하기도 하고 정책에 따라서 그런 어떤 타협과 조정의 기술이 발달해 있어요. 그리고 소수당이 많아요. 녹색당도 제일 처음에는 비례대표로 출발했거든요.

김대중 대통령 당시에 사회당이 처음으로 잠깐 절반을 넘었던 적이 있어요. 일본도 무라야마 총리가 처음으로 식민지배를 사죄하던 그때 독일 사회당 당수가 여성이었는데, 와서 김대중 대통령을 만나고 출국하기 전에 여성들하고 좀 얘기하고 싶다고 해서 한 30명이 괴테하우스에 모였어요. 독일 속담에 "집으로부터 멀리 떨어질수록 집의 전체 모습이 잘 보인다"는 말이 있어요. 사회당 당수가 한국에 와서 세 번 크게 놀랐다면서 첫 번째가 한국 여성들이 피 한 방울 땀 한 방울 흘리지 않고 투표권을 그저 얻었다는 사실이고요. 유럽에서는 프랑스혁명 50년 후에 올랭프 드 구즈라는 여자가 여성에게도 투표권을 달라고 요구하다가 교수형을 당합니다. 죄목은 '자신의 성별에 적합한 덕성을 잃어버린 사람이 남성만의 평등을 위한 혁명에 제동을 걸었다'는 것이었어요. 유럽에서는 1893년 뉴질랜드에서 처음 여성에게 투표권을 줬대요. 미국은 링컨의 노예해방 전쟁 이후 흑인 남자 노예들한테는 1870년에 투표권을 줬어요. 백인 여자는 50년이 지난 1920년에 줍니다. 정말 피와 땀이 엉킨 투표권을 여성들이 쟁취한 거예요. 이런 것들 때문에 어퍼머티브 액션이 나오는 거예요. 그런데 우리는 45년에 일제가 패망하고 미국식 민주주의가 들어오면서 그냥 얻었어요. 그래서인지 소중한 줄 모르죠. 미군정이 들어온 건 우리에게 선물이었죠. 민주주의 시스템이 그대로 들어왔으니까요.

두 번째로 그때 2000년도 말에 한국 여성의 대학 진학률이 약 45% 정도 됐어요. 독일보다 높습니다. 독일은 지금 전체 대학 진학률이 50% 밑

돕니다. 왜냐? 학력 간의 임금 격차가 별로 없어요. 택시 기사나 고등학교 선생님이나 자동차 정비공이나 크게 다르지 않아요. 학력 간 임금 격차가 적기 때문에 꼭 공부하고 싶거나 이런 사람들만 대학을 가는데 대학도 공짜예요. 주 정부가 등록금을 다 댑니다. 그런데도 대학 진학률이 50% 미만이에요. 지금도 우리는 85%거든요.

세 번째 가장 놀란 건 뭐였을까요? 국회의사당에 가보고 기절할 뻔했대요. 국회의사당 본회의장을 갔는데 남자들이 시커먼 양복 입고 앉아 있는 거예요. 그때 우리 여성들의 국회의원 수가 1.6% 그러니까 왕비 간택하듯이 무슨 무슨 단체에 있으면 '야, 너 이리 와' 이러면서 국회로 데리고 가는 그런 때였죠. 여성 진출이 많아진 거는 2004년도에 노무현 대통령이 정치개혁 특위 만들고 열린우리당이 비례대표 홀수는 여성으로 한다는 의무 규정을 만들면서예요.

왜 이 얘기를 하냐면 북유럽 노르딕 3국에 출장을 몇 번 갔었는데 거기는 시의원 도의원이 90% 여자들이에요. 합리적이죠. 왜냐하면 시의원 도의원이 하는 일이 뭡니까? 어떻게 하면 좋은 급식을 아이들한테 먹일까? 어디에 다리를 놓아야 좋을까? 길을 어떻게 해야 좋을까? 여기는 나무를 심는 게 좋을까, 아니면 풀을 심는 게 좋을까? 생활 수준을 올리기 위해 자잘하게 개선하는 그런 일들이잖아요. 말하자면 살림 사는 일이잖아요. 누가 잘하겠습니까? 그래서 여자 의원이 너무 많다 보니 거꾸로 남자 쿼터를 만들어야 된다는 얘기가 나옵니다. 적어도 30%는 남자로 하자.

그런 환경에서 자란 독일 사회당 총수가 이게 과연 있을 수 있는 일이냐, 여성의 대학 진학률이 50%가 넘는데 어떻게 국회의사당에서는 이렇게 여자를 아무리 찾아봐도 없냐? 그래서 그거 좀 설명해 달라고 그러는데 사람들이 저보고 하라고 그러더라고요. 그래서 제가 맨 먼저 그랬어요. 5당4락이라는 말이 있다, 5억을 쓰면 당선되고 4억을 쓰면 낙선한다. 민주당에서 586이 주류가 됐지만 이 586들이요, 노무현 대통령 때 시행한 선거공영제가 아니면 아무도 선거자금을 못 댔어요. 선거공영제가 뭡니까? 선거에서 쓴 비용을 15% 이상 득표 시에 보전해 주는 거예요. 586들이 무슨 돈이 있었겠어요? 5당4락이라는 말이 있는 것처럼 금권선거의 덫이 제일 크다 얘기했고요.

그다음에 그렇다고 해서 한국이 정치에서만 여성이 낙후돼 있지 조직과 돈에 의하지 않고 성실성과 재능으로 혼자서 올라가는 사다리는 다 올라갔다. 문화적으로 볼 때 많잖아요. 여성 배우나 여성 음악가들이 전 세계를 휩쓸고 있잖아요. 그러나 정치는 그런 게 아니어서 그렇다고 그랬더니 왜 5당4락이냐고 그래요. 있을 수가 없는 일이죠. 근데 우리도 이제는 많이 개선됐습니다. 그러다 보니 여성 진출도 늘어났고요.

김대중 대통령의 인간적인 면모를 중심으로 제가 말씀을 드렸습니다. 그것이 드러난 정책들, 예를 들어서 여성부 및 국가인권위원회 설립, 복지제도, 햇볕정책 등은 앞으로 좀 더 시간이 흐른 다음에는 더 높은 평가를 얻게 될 거라고 확신합니다.

정보사회

또 빠질 수 없는 것은 감옥을 국립대학교라고 말씀하면서 감옥에서 너무나 독서를 많이 하신 거예요. 전두환 때 사형을 언도받고 청주교도소에 있을 때 독서를 집중적으로 하셨고, 특히 미래 학자들 책을 많이 읽으신 거예요. 그래서 21세기는 정보Information and Technology 사회가 된다는 거를 미리 자각하신 거예요. 초기에 IT망을 쫙 다 깔았습니다. 지금 우리나라 IT망은 세계 최고입니다. 우리가 G7보다도 우등이에요.

우리가 지난 코로나 극복한 거는 가장 모범적이었거든요. 왜 전 세계 여러 나라들이 우리나라 코로나 극복 사례에 주목했을까요? 초기에 마스크를 이재용 회장도 세 장밖에 못 받았고요, 노숙자도 세 장밖에 못 받았어요. 주민등록증 갖고 약국에 가서 적고 마스크 세 장밖에 못 사요. 이 약국 저 약국 다녀봐야 소용없어요. 정보사회 인프라를 초기에 선도적으로 다 깔아 놨기 때문에 가능한 일이죠.

문화에 있어서도 북한 자료에 대한 접근 제한을 풀었기 때문에 남북한의 상상력을 높이는 영화들이 천만 관객을 모으고요. 김구 선생이 암울한 식민지 시대에 쓴 '나의 소원'이란 글을 아시죠. 피폐하고 가난한 식민지 시대에 경제대국이나 군사강국을 꿈꿀 만한데도 나의 소원은 문화적 다양성이 꽃피는 문화강국이라는 말씀을 하셨거든요. 지금 K-컬처가 한국의 국격을 올려놓고 있습니다. 김대중 대통령이 가지셨던 문화에 대한 자세, 즉 '지원하되 결코 간섭하지 않는다'는 리버럴리스트liberalist의 철학을 다음 정부도 좀 관철을 해주기를 바랍니다.

경제위기 극복

제가 몇 개 어떻게 얘기를 해야겠다고 써 오기는 했는데 하나도 안 보고 있네요. 뭘 빠뜨린 게 있나 좀 볼게요. 아, 그리고 그 무엇보다도

경제위기 극복을 위해 시민들이 금모으기운동을 하고 있다. 총모금액을 2조 7000억 원 정도로 추산하고 있다. (ⓒ 국가기록원)

1997년 11월에 IMF 경제위기를 겪었잖아요. 그 IMF 때 연쇄 도산을 일으킨 대기업 부실 채권이 GDP의 28%에 해당하는 112조였어요. 여기에 공적 자금을 투입했고요. 결국 IMF가 예측했던 2004년보다 3년 더 빨리 2001년에 경제위기를 극복했습니다. 위대한 업적이죠. 어찌 보면 햇볕정책보다도 더 신속하고 효율적인 경제정책을 썼다고 볼 수 있습니다.

제가 김대중 대통령 자서전을 정리하면서 2008년도 통계를 봤는데 공적 자금 회수율이 50% 좀 넘었던 걸로 기억합니다. 이건 결국 대기업이 다 저지른 일들이거든요. 그때 2008년 당시에 기업들에게 퍼준 그 공적 자금은 그냥 돈 찍어서 내준 거지, 그 회수율이 50% 조금 넘었던 기억이 나는데, 지금은 아마 그보다는 좀 더 높아졌을 수도 있겠다는 생각을 하고요.

국제주의자

그리고 김대중 대통령은 국제주의적 관점을 갖고 계셨어요. 여러분 혹시 김대중-오부치 선언이라는 거, 기억하십니까? 2000년 10월에 있었던 일인데요. 그때 오부치 총리는 지금 아베나 이런 사람들처럼 극우가 아니었어요. 그래서 처음으로 일제의 한국에 대한 식민 통치에 대해서 사죄를 했습니다. 그리고 일본하고 잘 지냈죠. 지금 위안부 문제나 강제징용 문제가 이렇게 답보 상태에 있는 것은 저 자민당 정권이 사과하지 않기 때문이에요. 독일 국민이 기회 있을 때마다 땅에 엎드려서 사과하는 거 보세요. 그것과 너무나 대비가 되는 일본 파시스트들이죠.

그런 점에서도 아주 국제적인 교류와 원활함도 가지셨던 분이고요.

이 모든 것들은 앞으로 좀 시간이 지난 다음에 더 정확하게 자리매김을 하게 될 것이고 또 지나치기 쉬운 문화적인 여러 업적들도 재평가를 받을 거라고 생각하고요. 무엇보다도 우리 국민의 헌법에 대한 인지 능력, 자각 능력이 매우 높아졌기 때문에 지난 두 달과 같은 일은 없으리라고 생각합니다. 여러분도 고생을 많이 하셨을 거고요. 그리고 저는 정말 우리 국민의 위대함을 다시 한번 체험했습니다.

제가 벗들에게 이런 말을 자주 합니다. "진보는 인간 무지와의 투쟁이다." 지금 태극기 들고 다니는 할아버지들이 인성이 나쁘거나 그래서가 아니에요. 그분들은 사고가 중고등학교 다닐 때 그렇게 교련훈련을 받고, 반공웅변대회를 열어서 '때려잡자 김일성, 쳐부수자 공산당, 무찌르자 괴뢰군' 이런 시절에 머물러 있기 때문이에요. 시대가 변화하고 자식들의 생각이 어떤지 들여다보면 그렇지 않거든요. 그래서 저는 진보는 결국은 인간 무지와의 투쟁이다, 생각합니다. 이걸 해결할 수 있는 길은 우리가 끊임없이 생각하고 변화하는 시대와 호흡하고, 무엇보다도 책을 읽고요. 이렇게 하면 저는 어떤 예언자처럼 우리가 앞으로 한 10년 후에는 김대중 대통령이 이미 추구했던 3단계 통일론이 실현될 수도 있지 않을까 하는 희망을 말씀드리면서 마무리 짓겠습니다.

진행 ─ 최석호 소장

시간 관계상 많은 분들한테 질문을 받을 수 없을 것 같습니다. 한 분 내지 두 분만 질문을 받도록 하겠습니다. 질문 있으신 분은 손을 들어 주시기 바랍니다.

질문 1 ─ 청중

이야기 잘 들었습니다. 지난 시간에도 좀 궁금했었는데 김영삼 대통령은 김일성이 갑자기 죽는 바람에 못 했는데, 김대중 대통령은 김정일과 남북정상회담을 했단 말이에요. 그 뒷이야기를 듣고 싶습니다.

답변 1 ─ 유시춘 이사장

4·27 판문점 선언이나 또 노무현 대통령이 했던 10·4평화 선언이나 이런 것들은 여러분이 잘 아실 테고요. 김대중 대통령의 6·15 정상회담과 관련 얘기 딱 하나만 해드릴게요.

사실은 6·15 정상회담을 하러 순안공항에 갈 때까지 거기에 김정일이 나올지 또는 내가 도착하자마자 금수산 궁전으로 끌고 갈지 아무런 예측이 없이 가셨거든요. 그때 잘 안 될 수도 있었고 예를 들어서 안 보내줄 수도 있는 거잖아요. 순안공항에 도착하는 그 순간까지도 김정일 위원장이 나올지 안 나올지 모르는 상태에서 모험을 하신 거예요. 그런데 순안공항에 내려서 평양 시내까지 가는데 그 연도에 수십만의 북한 주민들이 나와서 정신이 하나도 없었다고 그러시더라고요.

김정일하고 회담을 하면서 무슨 비밀 얘기를 했을까 하고 언론에서 추측성 기사를 많이 쏟아내기도 했는데요. 실제로는 너무 좋았답니다. 그렇지만 연도에 서 있는 북한 주민들이 어찌나 열렬하게 환영하던지 아무 얘기도 못 했다는 게 김대중 대통령 말씀이십니다. 갈 때는 정말 김정일이 나올지 아무런 구체적인 계획 없이 모험을 하신 거고요. 그런데 김정일 위원장과 얘기 보따리를 풀어 보니까 굉장히 얘기가 잘 통했어요.

그다음에 김정일 위원장이 유명한 영화 애호가 아닙니까. 그래서 최은희 배우하고 신상옥 감독 납치해 가고 두 사람은 다시 탈출해서 나오는 해프닝도 있었잖아요. 들리는 얘기로는 우리나라 최초의 영화 〈아리랑〉 원본 필름도 있다는 거예요. 나운규 감독이 만든 영환데, 그게 지금 원본이 없거든요. 〈아리랑〉 원본 필름을 비롯해서 북한에 모두 다 있다는 얘기가 있어요. 그 정도로 영화광이라는 말이지요. 우리의 변사가 나오듯이 흑백 영화, 우리는 지금 그 원본이 없는 영화들이 거기 저장소에는 다 있다는 얘기를 듣고 있습니다. 제가 언젠가는 볼 수 있겠죠.

질문 2 — 청중

질문 기회 주셔서 감사합니다. 제가 생각했을 때 김대중 대통령은 비전

유시춘 이사장 강연 '대통령 김대중을 말하다'를 마친 뒤 청중이 질문하고 있다.

이 있으셨던 분 같아요. 근데 이 비전은 아까 말씀하신 것처럼 다른 사람들은 일이 일어나고서야 알 수 있는 그런 것이 비전이라고 하는 것 같은데, 김대중 대통령이 생각한 잘 사는 나라에 대한 비전은 어떤 것이었을까요?

아까 그 국제주의적인 김대중 대통령의 생각에 대해서 말씀하셨는데 이분의 비전은, 저도 그분이 이제 거인이시기 때문에 짐작하지 못하는 게 많지만, 국제주의적인 쪽에 방점을 많이 찍었다는 생각이 들어요. 통일을 예로 들자면 그게 단순히 남과 북이 만나는 게 아니라 그 자리에 다른 나라들과의 관계를 빼놓지 않고 생각하셨던 분이라고 저는 그렇게 느껴지거든요.

지금 우리는 6월에 대선을 앞두고 있습니다. 계엄이 망쳐 놓은 것들을 다 걷어내고 대한민국을 다시 일으켜 세우기 위해서 우리 국민들이 풀어 나가야 될 숙제가 있을 텐데요. 이런 시대에 김대중 대통령이라면 어떤 비전을 가지셨을지 그게 제일 궁금합니다.

답변 2 — 유시춘 이사장

좋은 질문 해주셨는데 김대중 대통령이 여러 번 저한테 하신 말씀이 또 한 가지가 있습니다. 국제주의적인 시각에서 볼 때요, 지금 한국 사람은 전 세계 어느 나라에나 없는 곳이 없습니다. 발리에 가도 한국식품점 Korean Food을 하고 있고요. 제가 2017년에 노무현센터를 건립하기 위해서 미국 정부 초청으로 미국인 기록관을 보고 마지막에 혼자서 빙하여행을 갔다 왔는데, 영화에서 보면 빙하가 녹아내리는 그 입구까지 갔어요. 근데 그 항구가 어디냐 하면, 알래스카 지도를 보면 앞에 이렇게 무슨 항구가 있어요. 인구 약 7천 명이 사는데 그 원양 어선들이 주로 들어가요.

거기에 동양식품점 Oriental Food이라고 해서 들어가 봤더니 한국인들이에요. 여기 한국인이 몇 명 있냐고 그랬더니 한 200명 있다고 그래요. 자기가 맨 먼저 들어왔는데, 그러니까 알래스카주 State of Alaska는 워낙 인구가 적으니까 3년 이상 살면 한 달에 100만 원을 무조건 줘요. 노동력이 부족해서 글로벌하게 밖에서 끌어들이는 유인책을 쓰는 거죠.

김대중 대통령께서 이런 말씀을 하신 적이 있어요. 한반도가 지금은 이렇게 삼팔선에 가로막혀서 한국은 섬처럼 돼 있어요. 북쪽으로 못 가잖아요. 비행기 타고 날아가야만 하잖아요. 한국의 인적 자원 국제화에 있어서 가장 유리한 것은 전 세계 어느 국가에나 한국인들이 다 있다는 것이고, 그들이 우리의 자산이다. 그리고 또 젊은이들을 향해서는 한국에만 있지 말고 국제기구로 많이 나가라.

지금 국제기구에 특히 여성들이 일을 많이 하고 있어요. 현재 상황에서는 국제적 시각과 관점을 더욱더 장착해라. 우리나라 여성들 교육 수준이 아주 높아요. 국제사회로 나가는 것을 굉장히 권장하실 것 같아요. 그리고 지금 뭐 여러분들도 다 느끼시겠지만 괌이나 사이판에 가도 한국음식점이 다 있어요. 정말 한국 사람들 대단해요. 거기서 뿌리내리고 공동체를 형성하고 이런 것들이 한국의 앞으로 오게 될 남북평화협력 그리고 국제화시대에 그분들이 자양분이 되고, 먼저 진출한 사람들로서 우선권을 가지고 조국에 이바지할 것 같아요. 제 친구들이나 후배들 아들·딸은 지금 국제기구에서 많이 일하고 있어요. 굉장히 책임감이 있고 열심히 한다고 좋은 평을 듣고 있기도 해요. 김대중 대통령이 만약 오늘 계시다면은 '주마가편走馬加鞭', 달리는 말에 더욱 채찍질을 하셨을 것 같아요.

진행 — 최석호 소장

오늘 여러분들 의견 더 많이 듣고 싶지만 시간이 많이 지나서 아쉽습니다. 마지막으로 강의를 어떻게 들으셨는지 인천광역시 전임 중구청장이신 홍인성 구청장 말씀을 듣겠습니다.

강연 소감 — 홍인성 전 인천중구청장

두 귀를 다 열고 들었습니다. 우리 이사장님께서는 굉장히 혜안도 있으시고 통찰력도 있으셔서 계속 큰 역할을 해오셨습니다. 특히 우리 민주정부에서는 김대중 대통령, 노무현 대통령, 문재인 대통령 등으로 이어

유시춘 이사장의 '대통령 김대중을 말하다' 강연 소감을 말하고 있는 홍인성 전 인천중구청장.

왔습니다. 저는 노무현 대통령을 모시고 청와대에 있었고요. 김대중 대통령의 정책들을 많은 부분 계승하고 이어갔습니다. 특히 사회복지정책이라든가 대북정책에 있어서는 굉장히 큰 역할을 같이 나눴고 그래서 우리 민주 정부가 지금까지 이어올 수 있었다고 봅니다.

우리가 새 정권을 창출한다면 전 정부에서 했던 정책들을 계승 발전시켜야 할 줄로 생각합니다. 민주정부가 어떻게 정책적 연속성을 가지면서 발전할 것인지에 대해서 조금 더 말씀해 주셨으면 하는데 시간이 다 지났습니다. 다음에 한 번 더 기회를 주신다면 자세히 듣고 싶습니다.

클로징 — 최석호 소장

기념 촬영과 저자 사인회를 갖고 오늘 순서를 모두 마치겠습니다. 참석해 주셔서 감사합니다.

제4장

대통령 **김영삼**을 말하다

오인환 장관

'대통령 김영삼을 말하다' 강연을 마친
오인환 장관과 참가자들의 기념 촬영.

인트로 — 최석호 소장

안녕하세요. 지난 4월 1일 조갑제 기자께서 '대통령 박정희를 말하다' 강연을 해주셨습니다. 중년에 이른 세대에게 박정희 대통령은 부정적인 감정을 불러일으키는 분입니다. 그러나 강연을 통해서 다시 한번 생각해 볼 수 있는 그런 시간이었습니다.

4월 29일 화요일 유시춘 교육방송 이사장께서 '대통령 김대중을 말하다'라는 주제로 강의를 하시겠습니다. 5월 13일 유시민 작가께서 '대통령 노무현을 말하다' 그리고 5월 27일 마지막 강의에서는 최석호 소장이 그동안 설문 조사한 결과들을 다 취합해서 여러분과 공유하는 시간을 가지려고 합니다. 애초에 기획이 '누구를 대통령으로 뽑을까?'가 아니고 '어떤 사람이 대통령이 되어야 하는가?'였기 때문에 설문을 취합하면 자연스럽게 결론으로 이어질 듯합니다.

김찬진 동구청장님께서 함께 해주셨습니다. 강연에 앞서 환영 말씀을 듣겠습니다.

환영사 — 김찬진 인천동구청장

오인환 장관께서 김영삼 대통령에 관한 이야기를 하신다기에 제가 이 강의를 꼭 들어야겠다 이렇게 생각을 하고 오늘 이렇게 참석했습니다. 상당히 연세가 있으신데도 젊은이 못지않게 카랑카랑한 목소리로 말씀하시는 모습에 일단 깊은 감명을 받았습니다. 오늘 이렇게 오게 된 또 한 가지 이유는 김영삼 대통령에 대해서 미처 생각하지 못하고 있는 제대로 된 평가가 이루어져야 할 시점인데, 시의적절한 강의를 들을 수 있을

김찬진 인천동구청장의 환영사.

것으로 기대하기 때문입니다. 제가 평소 생각한 김영삼 대통령과는 조금 다른 모습을 만날 수 있지 않을까 이런 생각을 하고도 있습니다. 제가 감히 환영사를 하는 것이 적절하지 않습니다. 바쁘신 와중에도 이렇게 좋은 기회를 주시니 감사합니다. 설레는 마음으로 여러분들과 함께 오인환 장관님 강연 듣겠습니다.

진행 — 최석호 소장

오늘은 문민정부에서 공보처장관을 역임한 오인환 장관께서 "대통령 김영삼을 말하다"를 강연하십니다. 오인환 장관은 한국일보 기자로 입사하셔서 주필까지 하신 다음 김영삼 캠프에 합류하셨습니다. 당선되면서 출범 첫날부터 마지막 날까지 김영삼 정부와 함께했던 분입니다. 대통령 임기를 기준으로 했을 때 역대 최장수 장관이라는 기록을 가지고 계

최석호 소장이 '대통령 김영삼을 말하다' 강사 오인환 장관을 소개하고 있다.

싶니다.

그런데 대통령 임기가 끝나고 난 다음 상도동에 발을 뚝 끊었다고 합니다. 김영삼 대통령을 객관적으로 보기 위해서였다고 합니다. 그 결과물이 《김영삼 재평가》라는 제목의 평전입니다. 《김영삼 재평가》 외에도 《박정희의 시간들》《건국 대통령 이승만의 삶과 국가》《고종시대의 리더십》 등 많은 책을 쓰셨습니다. 저서에서 다루고 있는 인물을 시간 순서대로 배열해서 슬라이드를 만들어 봤습니다. 우리나라 역사가 될 것 같습니다. 개항도시 인문학 시즌7 '대통령을 말하다' 오인환 장관의 "대통령 김영삼을 말하다" 박수로 청해 듣겠습니다.

강연: 오인환 장관, 대통령 김영삼을 말하다

개항도시 인문학 시리즈에 참가해서 강연할 수 있게 된 것을 영광스럽게 생각합니다. 저는 책을 많이 썼습니다. 하지만 강연을 자주 다니거나 그러진 않았어요. 그래서 아주 뭐 능숙한 연사처럼 말을 잘하진 못합니다. 그러나 제가 생각하는 바를 여러분들한테 전달할 수 있는 능력은 있으니까 오늘 김영삼 대통령에 대해서 말씀을 좀 드릴까 합니다.

강연장을 둘러보니 여러분들하고 저 사이에는 상당한 세대 차가 있는 것 같습니다. 세대 차가 있다면 세대 감각이 다른 것이고, 세대 감각이 다르다면 시대 감각에 차이가 있다는 얘기가 됩니다. 박정희 대통령에 대해서 강연을 들을 때 여러분들이 이해가 안 가는 부분이 있었을 겁니다. 마찬가지로 김영삼 대통령에 대한 강연을 들을 때에도 여러분들이 잘 이해가 안 가는 부분이 있을 수 있습니다. 그래서 제가 좀 더 젊은 기분으로 돌아가서 여러분 세대 감성에 호흡을 맞춰 가면서 얘기를 하고자 합니다.

최장수 공보처장관

최석호 소장께서 저를 소개해 주셨습니다만, 저는 김영삼 대통령 문민정부에서 대통령과 임기를 같이 했습니다. 헌정 사상 대통령 취임식을 한 날부터 정부를 떠날 때까지 대통령을 모시고 장관을 한 사람은 유일한데 그게 바로 접니다. 박정희 대통령 임기는 18년이었기 때문에 더 오래 한 장관도 있습니다. 전두환 대통령 때도 임기가 지금보다 긴 7년이었습니다. 또 대통령의 신임을 받으면 웬만한 사람은 더 오래 할 수 있는

개항도시 인문학 시즌7에서 '대통령 김영삼을 말하다'를 강연하고 있는 오인환 장관. 오인환 장관은 김영삼 대통령 평전《김영삼 재평가》를 집필했다.

거 아니냐, 이렇게 얘기할 수도 있습니다. 그런데 그게 그렇지가 않습니다. 그래서 어떻게 해서 최장수 장관을 할 수 있었느냐 하는 얘기부터 시작하겠습니다.

그것이 김영삼 대통령의 리더십하고 관계가 있습니다. 그래서 제 얘기를 하면서 김영삼 대통령에 대해서 얘기를 해볼까 합니다. 저는 28년 동안 한국일보에서 일했습니다. 처음에 입사하고는 사회부에서 일을 했습니다. 신문사에 계신 분은 아시겠지만 사회부라는 데가 정치부나 경제부하고 다른 데다가 또 좀 역동적인 일을 하는 부서입니다. 사건·사고 담당 기자로 나름 명성을 떨치면서 사회부장이 됐습니다. 사회부장을 또 열심히 하다 보니까 능력을 인정받고 정치부장에 발탁됐습니다. 정치부장을 한 다음에 편집국장도 하고 주필도 하고 그랬어요.

제가 정치부장 할 때 김영삼 대통령을 처음 만났습니다. 그러니까 정치부 기자 시절부터 김영삼 대통령을 만난 그런 케이스가 아니고 중간에 정치부장을 할 때 알게 됐습니다. 그로부터 한참 지난 뒤 한국일보 주필이 되었을 때 제가 정치 특보로 스카우트되었습니다. 1992년 김영삼 대통령 선거운동 본부에서 제가 선거운동을 했습니다. 열심히 했죠. 다행히 정권을 창출했고 그 뒤 김영삼 대통령이 어느 날 저를 창가로 부르더니 "중요한 일을 함께하자"면서 장관 자리를 주더라구요. 그래서 장관이 됐습니다.

공보처장관은 여러분도 아시다시피 직급이 없습니다. 언론을 상대로 하는 그런 자립니다. 박정희 대통령 때나 이승만 대통령 때도 그리고 전두환·노태우 대통령 때도 있었습니다. 그렇지만 당시는 독재 정권이니까 국민들하고 정권 사이에 여러 가지 갈등 구조가 생깁니다. 여론을 형성해 가면서 갈등을 완화시켜서 국정을 도모하는 역할을 하는 게 공보처가 할 일입니다.

김영삼 대통령이 저를 공보처장관에 임명했는데 왜 임명했느냐 하면 독재하던 분들이 공보처장관을 임명한 것과는 의미가 다릅니다. 김대중 대통령도 마찬가지지만 김영삼 대통령은 언론이 있었기 때문에 정치인으로서 대성할 수가 있었습니다. 기자들이 김영삼 대통령이나 김대중 대통령 집에 아주 상주하면서 일거수일투족을 전부 보도하면서 그분과 국민을 연결했습니다. 그래서 민주화 투쟁을 하던 게 하나부터 열까지 국민들에게 다 알려지게 됐습니다. 언론이 아니었으면 민주화 투쟁을 했던 분들이 무슨 일을 하는지 알 수가 없는 겁니다.

그런데 언론이 이렇게 신문·방송을 통해서 알렸기 때문에 그렇게 알려지게 되고 또 정성스럽게 이렇게 박스 기사도 써주고 하니까 더 돋보이게도 됐지요. 그래서 김영삼 대통령이 대통령 된 일등 공신은 언론입니다. 그런데 언론의 도움을 받아서 대통령이 됐는데 대통령이 된 다음에는 생각이 달라지는 겁니다. 독재 정권을 끌어가는 사람이나 민주 정부에서 대통령이 된 사람이나 모두 다 싫은 소리 듣거나 비판당하는 걸 좋아하지 않습니다.

그런데 언론계는 "우리가 도와줘서 대통령이 됐으니까 이제부터 우리도 할 말 하고 비판해야 할 때 비판하겠다" 뭐 그런 태도로 막 나오는 것이지요. 김영삼 대통령이 보기에는 "이것들이 군부독재 시절에는 한 마디도 못 하다가 이제 와서 민주화 되니까 막 나가네" 뭐 이제 이런 생각을 하게 되는 거죠.

그러다 보니 새로운 형태의 갈등 문제가 생깁니다. 그때 제가 장관이 된 거죠. 말하자면 언론과 정권 사이에 고래 싸움이 벌어지는 상황에서 공보처장관이라는 새우가 된 거죠.

신문에서 막 비판이 나오기 시작하니까 김영삼 대통령이 노발대발하는 거예요. 그럴 때면 저한테 전화가 옵니다. "장관은 뭐 하고 있는 거야? 말도 안 되는 이런 걸 막 쓰게 놔두고 장관은 낮잠 자는 거야!"

하루는 가만히 생각을 해보니까 이거 잘못하다가는 고래 싸움에 새우 등 터지게 생겼어요. 그래서 제가 전략을 세워서 밀고 나가겠다고 마음을 먹었습니다. "한두 달 후에 관두더라도 소신껏 해야겠다"고 말입니다.

관두라고 하면 관두겠다. 그렇지 않으면 대통령 눈치 보고 대통령을 떠받치고 있는 실세 눈치 보다가 아무 일도 못 하겠더라고요. 내 소신껏 문민정부를 돕고 안 되면 그때는 떠나겠다는 심정으로 소신껏 하기로 했습니다. 그렇게 하자면 미련스럽게 주는 거나 받아먹고 있으면 안 된단 말이죠. 그러니까 균형감각을 살려서 하자. 저는 일단 대통령에게 충성을 다하자. 그렇지만 균형감각을 잃지 말고 일하자고 다짐했어요.

문민정부가 1년 조금 더 갔을 무렵 국무회의 국무위원들이 수근대기 시작해요. 곧 개각이 있을 거라는 거죠. 개각은 나하고 관계가 없는 건 줄 알았어요. 내가 열심히 하니까 대통령도 알아주는 것 같더라고요. 일부 장관들이 이제 대통령한테 잘 보이기 위해서는 대통령 측근하고 친하게 지내고 뭐 이렇게 해서, 말하자면 또 다른 정치를 하고 그럽니다. 그런데 안기부는 장관의 일거수일투족을 전부 청와대로 보고를 합니다. 이거 잘 됐다. 이 사람들을 통해서 내가 일하는 걸 알리면 되겠구나!

박정희 대통령 때 고도성장을 하면서 돈이 많이 생겼습니다. 그러니까 박 대통령이 금권 정치를 시작했어요. 언론계에다가 말하자면 돈을 좀 풀고 그런 거예요. 그거는 전두환·노태우 때까지도 이어졌습니다. 그런데 김영삼 대통령 때에 그게 딱 끊긴 거예요. 김영삼 대통령은 "나는 돈 안 받는다. 통치자금 한 푼도 안 받는다"고 아예 선언을 했습니다. 그렇게 선언을 하고는 진짜로 안 받는 거예요.

내가 기자들을 만나야 되는데, 전국에 기자는 수천 명 있고, 쥐꼬리만 한 예산 가지고 다 만날 수가 없지 뭡니까! 그리고 만나면 대포도 한잔하고 뭐 그래야 되는데 돈이 있어야지요. 그래서 김영삼 대통령한테 가서

개항도시 인문학에 참가한 시민들이 오인환 장관 '대통령 김영삼을 말하다' 강연을 경청하고 있다.

"돈 좀 주세요. 일을 제대로 하려니까 돈이 필요합니다" 그랬더니 이 양반이 제 얼굴을 다 쳐다보더니 "나 돈 안 받아. 그러니 안 줘" 이러더라고요. 이걸 어떡합니까? 큰일 났구나. 여하튼 주어진 한도 내에서 해내야겠구나. 그래서 다섯 명, 열 명 뭐 이런 식으로 전국을 돌아다니면서 만나서 깊이 얘기하고 친해졌어요. 그러다 보니까 뭐 대통령 비판도 하고 뭐 그렇게 됐단 말이죠.

처음에는 청와대 들어가니까 대통령이 요새 열심히 한다는 얘기를 들었다면서 아주 흐뭇해하셨어요. 안기부 보고 덕일 겁니다. 그다음 안기부에서 오인환 장관이 술을 많이 마시고 대통령을 비판한다는 보고서를 올린 모양이에요.

하루는 청와대 보고 차 들어갔더니 대통령이 정색을 하고 "오 장관은 술만 마신다며? 뭐 대통령을 비판해?" 그렇게 말씀을 하시더라고요. 제가 가만히 들어 보니까 여기서 내가 밀리면 뭐 죽도 밥도 안 될 것 같아요. 그래서 딱 마주 쳐다봤죠. "제 나이가 50을 넘었습니다. 술을 많이 마시면 건강에 치명적이라는 걸 누구보다도 잘 압니다. 이 나이에 제가 왜 매일 술을 마시겠습니까? 대통령을 위해서, 신한국 건설을 위해서, 문민화 정책 성공을 위해서 제가 마시는 겁니다. 기자들하고 대통령 비판도 하고 정권도 비판하면서 이렇게 얘기를 해야 얘기가 되지요. 그러다가 비판할 거는 비판하고 '이건 좀 도와주시오.' 그러면 도와주는 거죠. 정부가 잘하고 있다고 PR을 하면 그 PR을 기자들이 들은 척이나 합니까?" 그랬더니 저 양반이 가만히 계시더라고요. 할 말이 없었던 거죠. 그래서 보고를 끝내고 나왔어요.

김영삼 대통령은 일격에 상대를 제압하는 그런 카리스마가 있는 분이에요. 김영삼 대통령이 카리스마로 한 번 때렸는데 아니 이 사람이 밀리지 않고 되받아치니까 "어, 이것 봐라?" 이렇게 된 거예요. 그러다 보니까 제가 최장수 장관이 된 것 같습니다.

최장수 장관이 되려고 하면 그 조건들이 여러 가지가 있을 거 아닙니까? 첫째 조건은 본인이 깨끗해야 되겠지요. 무슨 약점이 있거나 뒷돈을 먹었거나 뭐 어디 가서 여자를 건드렸거나 이러면 안 돼요. 괜히 계모임 하고 뭣하고 하다가 어쨌다더라 하면 그것도 안 돼요. 자식들이 친구들을 팼다든가 뭐 대마초를 피웠다든가 이런 거 터지면 또 안 돼요. 또 주무 부처에서 평판도 좋아야 하겠지요. 그 부처에 뭐 실장·국장·과장 이렇게 몇백 명 몇천 명 있는데 이 사람들이 주무 부처의 장이 유능하냐 무능하냐 인품이 좋냐 나쁘냐 리더십이 있냐 없냐 다 얘기를 합니다.

안기부에서 그런 평판을 다 알아요. 그래서 자기 부처에서 인정을 받아야 됩니다. 그럼 그것만 가지고 되느냐, 국회의원 하면 또 여야 국회의원들이 있어요. 국회의원들한테 그래도 인정을 받아야 돼요. 여러분들 아시다시피 국회의원들이 얼마나 안하무인입니까? 장관한테 아주 무섭게 한다구요. 굴욕감을 느끼면서도 때로는 뭐 술 먹으면서 달래기도 하고 때로는 그냥 상임위에서 막 싸우기도 합니다. 삿대질을 하면서 막 싸우고 그러면 국회의원들이 저기 저 사람 정말 혼 좀 내야겠구만 이런 식이에요. 근데 일리가 있는 합리적인 얘기를 하면서 싸우면 그냥 넘어가 주는 거죠. 그러니까 국회에서 평도 좋아야 됩니다. 그다음에 제일 중요한 게 뭐냐, 언론이 어떻게 보고 있느냐가 중요합니다. 저는 뭐 또 언론계 출신이니까 좀 봐주는 것도 있었겠지요.

그럼 마지막 남은 게 뭐냐, 대통령의 신임이에요. 근데 김영삼 대통령은 다른 사람들이 하는 말을 잘 듣습니다. 그래서 경청의 달인 뭐 이런 소리를 들었다고 그래요. 아주 겸손한 태도로 끄떡끄떡하면서 듣고 메모도 하고 뭐 그래서 특히 그 지식인들이 좋아했다고 그러는데, 그거는 거꾸로 뒤집으면 귀가 얇다는 얘기도 되는 거죠. 측근들이 그럴듯하게 정리해서 특정인을 비난하면 속수무책이 될 수가 있지요. 그러니까 고도의 전략이 필요하죠. 그렇다고 장관이 전략적으로 행동한다고 보고하는 안기부는 없어요. 그냥 구체적인 거를 개별적으로 보고하지, 큰 흐름을 꿰뚫고 뭔가를 포착해서 보고하고 그런 건 없단 말이죠. 그런데 통찰력을 갖고 안기부의 보고와 장관의 능력을 읽는 능력이 김영삼 대통령한테 있었다 이런 얘기입니다.

임기 마지막 1년을 남겨 놓고 어느 날 연락이 왔습니다. 일요일에 좀 청와대로 들어오라고 해서 청와대 들어갔죠. 그랬더니 "몇 년 됐냐"고 묻길래 "4년 됐습니다" 그랬더니 "자리 좀 다른 데로 옮길 수 있느냐" 그렇게 얘기를 해요. 그냥 인사 발령을 내면 되는데 장관을 불러서 의견을 듣는다는 거는 그만큼 제가 대접받고 있다는 것이고 제가 그런 만큼 일을 잘했다는 얘기죠. 그런데 대접을 하려면 끝까지 대접을 잘 할 것이지, 아니 1년 남겨 놓고 다른 데로 가라는 게 무슨 말인가. 여기서 내가 항의를 해서 안 통하면 사표를 내겠다고 작정을 하고 한마디했습니다.

"고도의 균형 감각을 가지고 지금까지 잘해 왔는데, 오늘 전화가 와서 아주 더 큰 자리를 주시는 줄 알고 들어왔습니다" 그랬어요. 그랬더니 이 양반이 말이 탁 막히니까 "오 장관 오늘 일은 없었던 걸로 하지." 그래서 제가 5년 임기를 꽉 채운 최장수 장관을 한 겁니다. 대통령 멋있잖아요. 건방지다고 안 보는 겁니다. "내가 관두면 다른 사람이 나만치 못하니까 날 계속 쓰세요"라는 메시지로 읽은 겁니다. 그만큼 통찰력이 있는 거예요.

민주화 압축 성장

오늘 보니까 보수 대통령 박정희·김영삼 둘, 그다음에 진보 대통령 김대중·노무현 이렇게 네 명 '대통령을 말하다'입니다. 박정희 대통령은 압축 성장을 통해서 산업화를 이룩했습니다. 다른 나라가 100년 걸린 걸 18년 만에, 농업 국가였던 대한민국을 중화학공업화를 달성한 그런 발전하는 나라로 만들지 않았습니까!

압축 성장의 전통은 김영삼 대통령에게 전달되었습니다. 김영삼 대통령은 민주화를 압축 성장시켰습니다. 그러니까 3당 통합이라는 방법을 통해서 여당과 야당이 합치지 않았습니까? 그런데 그때는 많은 사람들이 야합했다고 했습니다. 김영삼이 무리한 도전을 한다고 그렇게 부정적으로 봤습니다. 그때 저는 정치부장을 하고 있었는데, 저도 부정적으로 봤어요. 그런데 김영삼 대통령이 3당을 통합하면서 부정적으로 생각하는 걸 전부 긍정적으로 생각하게끔 온갖 노력을 다 한 거죠. 다른 나라에서는 그렇게 성공한 예가 없어요. 결국 성공시켜서 정권을 창출합니다. YS가 대통령이 되니까 민주화가 궤도에 올라섭니다. 그러니까 압축 성장을 한 겁니다.

큰 정치인 김영삼

    김영삼 대통령은 일관성이 특징입니다. 거제도에서 배를 10척이나 가진 부자 아버지를 둔 아주 유복한 사람이었어요. 1954년 스물여섯 살 나이에 거제도에서 출마해서 당선됩니다. 그때는 자유당 공천을 받고 나왔습니다. 김영삼 대통령 할아버지가 어업을 시작하고 물려받은 아버지가 이를 크게 키우며 토호가 됐죠. 토호의 아들이고 서울대학교 철학과를 나왔고 그래서 기반이 딱 확고하니까 당선이 된 겁니다. 그래서 정계에 들어갔죠. 그런데 얼마 있다가 보니까 이승만 대통령이 삼선 개헌을 하려고 해요. 영구집권은 안 된다, 그래서 자유당에서 나옵니다.
    탈당해서 민주당 의원이 되죠. 그런데 1956년에 조병옥 씨를 만납니다. 조병옥 씨는 뭐 여기 아시는 분들은 아시겠지만, 해방 정국에서 이승만 박사하고 인연을 맺었던 거물 중 한 사람입니다. 아주 뭐 스케일도 크고 의리도 있고 정치력도 대단하고 아무튼 국민들이 존경하는 그런 정치 거인이었죠. 그런데 그분이 YS를 아주 총애했습니다. 멘티 김영삼은 멘토 조병옥에게 큰 정치를 배웁니다.

김대중 대통령은 뒤에 총리가 되는 장면 박사를 만납니다. 우리나라에서 지금까지 대통령 중에서 민주주의가 몸에 밴 그런 분이 장면 박사입니다. 장면 박사는 가톨릭 신자에 대구 출신입니다. 멘티 김대중 대통령에게 장면 박사는 멘토가 되는 거예요. 이렇게 해서 양김이라는 사람들이 이게 정치를 처음부터 제대로 배우기 시작합니다.

제대로 배우는 게 참 중요합니다. 지금 우리나라 정치판을 보세요. 정치를 제대로 배운 사람이 몇 사람이나 있습니까? 어떤 사람은 뭐 여러 범죄 혐의로 재판받고 그러잖아요. 윤석열은 헌법을 위반하면서 엉뚱한 계엄을 선포합니다. 이게 정치를 제대로 배웠으면 이런 말도 안 되는 엉뚱한 짓을 했겠습니까? 떡잎부터 다르다, 저는 그렇게 생각합니다. 그렇게 김영삼은 제대로 배우면서 정치 생활을 시작했어요.

40대 기수론

김영삼은 30대에 유진산 원내총무 밑에서 부총무로 발탁되고 윤보선 총재 밑에서 당 대변인을 합니다. 그러다가 40대 초 원내총무로 선출되면서 내리 5선을 하면서 부동不動의 총무라는 소리를 듣게 됩니다. 요즘 원내총무보다 권한도 크고 활동 범위도 넓은 진짜 실력자 자리였어요. 김영삼이 총무 자리를 독차지하게 된 것은 선배 동료의원들로부터 두터운 신뢰를 받고 있었기 때문이에요. 박정희 대통령 시절 경제가 급성장하면서 정치권에도 정치자금이 많이 들어왔는데, YS가 개인적으로 건드리는 일이 없었어요. 동료들은 그 정직성을 높이 평가했다는 거지요. 물론 YS의 정무감각이 뛰어나고 균형감각이 높았던 것도 평가를 받았겠지요.

이때 김영삼과 김대중이 한번 충돌하게 되는데 YS의 승리로 끝납니다. 헌법학자로 명성을 날리고 민주당 총재로 영입된 유진오 당수가 명석한 두뇌의 소유자인 김대중을 눈여겨보고 후임 총무로 추천했어요. 그런데 YS가 끝까지 안 된다고 고집을 부려서 결국 낙마시키고 자신이 그 자리를 계속 차지해요. 아마도 강력한 라이벌이 될 거라는 생각에 견제한 걸 거예요.

그러나 곧 김대중이 반격할 기회가 옵니다. YS가 40대 기수론을 내걸고 박정희 대통령에 맞서 대선후보로 나가겠다고 선언한 겁니다. 유진오 총재가 중병으로 입원하게 되면서 야당 리더십에 공백이 일어나니까 세대교체를 주장하고 나선 것이지요. 수석 부총재 유진산이 타협노선으로 국민으로부터 신뢰를 잃고 있었고 정일형·이재형 등은 노쇠해져 있었어요. 김대중·이철승 등이 함께 출마했어요. YS가 범 유진산계의 전통적인 적자嫡子 격이어서 YS는 이미 대세론을 형성하고 있었지요. 그런데 1차 투표에서 YS에 이어 2위를 한 DJ가 이철승과 기습적으로 연대하는 데 성공해요. YS를 꺾고 후보로 당선됩니다. 김대중 시대가 열리면서 본격적인 YS, DJ의 경쟁시대가 벌어지게 된 것이지요.

그 시점에서는 대선에서 박정희를 격렬한 선동 연설로 비판하면서 강경노선을 보여 준 DJ가 앞서갑니다. 박정희 대통령이 유신을 선포한 뒤 일본에 있으면서 반한활동을 하던 DJ를 강제납치하는 사건이 발생했고, 서울에 끌려온 DJ는 장기간 가택연금이 됩니다.

그러는 사이 유진산 총재가 병사하고 47세로 민주당 총재에 당선된 YS는 앞서간 DJ를 추격합니다. 한 차례 당권을 놓쳤다가 DJ의 지원으로 1979년 다시 총재로 돌아온 YS는 박정희 정권타도를 외치며 정면으로 맞섭니다. 박정희는 YS의 기세를 꺾기 위해 신민당 총재 직위를 법원 가처분으로 정지시켜 버려요. 게다가 YS의 의원직까지 제명하면서 탄압 수위를 최고로 끌어올리지요. 이때는 YS와 DJ가 대등한 입장에서 각자 박정희와 싸우던 때입니다.

그때 부마항쟁이 일어나고 YS의 의원직 제명이 시위의 원인 중 하나가 됩니다. 박정희는 그때 중앙정보부장 김재규와 경호실장 차지철이 벌이는 권력투쟁으로 리더십이 크게 흔들리고 있었는데, 결국 김재규의 저격으로 사망하고 권력은 공백 상태가 되고 말아요.

양김은 집권 기회가 오자 혼란 수습은 차치하고 대결에 들어갔어요. 박정희로부터 독재를 배운 전두환·노태우 등 신군부가 선수를 칩니다. 김대중이 내란음모 등 혐의로 구속되고 김영삼은 가택연금이 됩니다. 신군부의 가혹한 정보정치 밑에서 야당과 재야는 1년 이상 꼼짝달싹 못 했어요.

홀로 남은 YS가 민주산악회를 결성해 민주화 투쟁의 불씨를 살려 보려 했으나 여의치 않았어요. 끝내는 목숨을 건 23일간 단식투쟁을 하지요. 수감돼 있던 DJ는 신병치료라는 명목이었지만 사실상 미국으로 망명한 상태였고요. YS는 동교동계와 제휴해 민추협을 만들고 신당을 창당합니다. 국회의원 선거에서 신당 돌풍을 일으킵니다. 일천만 개헌운동 압력에 쫓긴 전두환의 5공은 6·29선언을 하며 결국 백기를 듭니다.

1987년 대통령 직선을 합니다만 양김이 후보 단일화를 하는 데 실패하지요. 그야말로 어부지리로 민정당 노태우 후보가 36.6% 아주 적은 지지로 당선되는 어처구니없는 일이 벌어지고 맙니다. 그 뒤 양김이 서로 양보하지 않고 견제하는 구도로는 여권의 4자 필승 전략을 깨기 어렵다고 본 YS는 3당 통합에 나섭니다. 내각제를 주장하는 민정계와 치열한 투쟁 끝에 직선제 후보 자리를 차지하고 대통령에 당선되면서 문민정부를 탄생시켰지요. 한국이 압축 성장을 통해 산업화를 이룩한 것처럼 압축 성장을 통해 민주화를 이룩한 것이지요.

3당 합당

나중에 YS가 민주당 대표가 되면서 박정희 대통령과 서로 충돌합니다. 박정희 대통령이 효력정지 가처분 신청을 통해서 김영삼의 신민당 총재 직위를 정지시키고 의원직을 제명하고 하는 횡포를 부리죠. 그 와중에 부마사태가 일어납니다. 부마사태 이유 중 한 가지가 바로 김영삼 총재 의원직마저 강제로 뺏은 거죠. 말도 안 되는 짓을 한 거죠.

그러면서 차지철과 중앙정보부장이 서로 싸우는 와중에 박정희 대통령이 궁정동 안가에서 총 맞고 죽는 사태가 벌어집니다. 여기서 잠시 정리를 하면, 민주당의 정통파로 큰 김영삼과 김대중이 서로 경쟁하면서 박정희하고 싸우다가, 박정희가 죽는 사태로 진전되면서 전두환의 5공화국이 된 거죠. 달리 보면, 양김은 박정희 때문에 큰 겁니다. 그리고 박정희한테서 많이 배운 겁니다. 그러니까 무슨 계획을 가지고 큰 승부를 봐서 밀어젖힌다는 것은 박정희 대통령한테 다 배운 거죠.

그러면서 이제 전두환·노태우 시대를 갑니다. 전두환이 광주사태를 일으켜놓고는 김대중이 폭력혁명을 일으키려 했다고 덮어씌우고 구속합니다. 그때부터 김대중과 김영삼의 경쟁이 김영삼 혼자서 밀고 나가야 되는 그런 상황으로 진행되는 거죠.

이후 전두환이 김대중을 미국으로 보내 버리니까 또다시 혼자 남은 김영삼은 민주산악회를 만들고 단식투쟁도 하면서 싸움을 이어나갑니다. 그러다가 신당을 만들어서 돌풍을 일으키고 전두환·노태우와 정면 대결합니다. 결국 견디다 못한 전두환이 노태우를 시켜서 6·29선언을 하게 되는 거죠.

김영삼이 노태우·김종필과 함께 3당을 합당하면서 민주화를 위한 싸움의 양상은 다시 한번 바뀝니다. 그래서 3당 합당을 하면서 민정당 사람들한테 견제도 많이 받고 그랬어요. 그런데 YS가 배짱도 있고 결정적일 때 자기 인생을 걸기도 하면서 결국 성공한 거죠.

내각제를 받아들이기로 하고 3당 합당을 했어요. 그렇지만 국민적 지지를 등에 업고 그냥 대통령제를 강행합니다. 그래서 이거 뭐 사기 쳤다는 얘기를 듣기도 했지만, 국민들은 YS가 그렇게 나가는 게 결국은 민주화를 향해서 가는 길이라고 믿었어요. 그래서 뒤집어엎을 수 있었지요. 국민들은 대통령 직선제를 하는 게 민주화다, 그렇게 믿고 YS를 지지했고, 노태우·김종필은 내각제 합의가 지켜지지 않을 것을 알면서도 3당

노태우 민정당 총재가 3당합당을 발표하고 있다. 김영삼 민주당 총재는 못마땅한 표정으로 뒷짐을 지고 서 있다. 김종필 공화당 총재는 두 손을 앞으로 모으고 공손하게 서 있다.
(ⓒ국가기록원 CET0011332)

합당을 할 수밖에 없었던 거죠. 이리하여 대통령 후보가 되고 김대중 후보를 누르고 대통령이 된 겁니다. 양김은 이렇게 서로 돕고 서로 경쟁하면서 우리나라 민주화가 시작된 것이죠.

군부 개혁

김영삼 대통령은 1993년 2월 25일 취임 첫날 청와대 앞길과 인왕산 등산로를 개방합니다. 역대 대통령들이 비자금을 넣어 두고 관리해 온 대통령 집무실 초대형 금고도 철거했어요. 그리고 민주화에 가장 큰 걸림돌인 군내 사조직 하나회를 과감하게 제거합니다.

김영삼 대통령 취임 전 육사13기로 하나회 출신 6공 최세창 국방장관이 "문민정부는 군과 협조가 잘 될 것"이라고 공개적으로 밝히면서 "하나회에서 군을 관리하고 통제하겠다"는 취지로 말합니다. 취임 11일째인 3월 8일 권영해 국방장관을 청와대로 불러서 육사17기 하나회 김진영 육군참모총장과 육사16기 하나회 서완수 기무사령관 교체 및 후임자 추천을 지시합니다. 24일 뒤인 4월 2일 육사20기 하나회 안병호 수방사령관과 육사19기 하나회 김형선 특전사령관을 보직 해임합니다. 그 뒤 100일 동안 여섯 차례에 걸쳐 군부를 개편했어요. 기간 중 국방부 고위 간부 8명 가운데 5명, 합참본부 간부 11명 가운데 9명, 고위 장성 14명 가운데 11명, 군단장 11명 가운데 5명, 사단장 22명 가운데 9명, 해군 고위 장성 11명 가운데 7명, 공군 고위 장성 10명 가운데 4명을 경질하거나 전역시켰어요. 그 뒤를 이어 1000여 명 장교를 정리하면서 군개혁을 완료했어요.●

이어서 5·18특별법을 제정해 12·12 군사쿠데타를 일으킨 전두환 무기징역, 노태우 징역 17년으로 처벌함으로써 30년간 지속된 군부독재를 청산했어요. 친일파 청산이 미흡했다는 역사적 비판에 비추어 볼 때 지금까지 이의나 반박이 없는 제대로 된 역사 청산이라 할 수 있어요. 그 같은 군부독재 청산이 있었기에 좌파라 해서 군부가 금기禁忌시하던 김대중도 대통령이 될 수 있는 등 민주화가 제도화될 수 있었어요. YS의 큰 업적입니다.

압축 성장을 통해서 민주화를 달성한 김영삼은 군부 개혁에 나섭니

● 오인환. 2021.《金泳三 재평가》조갑제닷컴. 274쪽~277쪽.

다. 하나회를 해체하고 그다음에 법을 새로 만들어서 전두환·노태우 12·12 쿠데타에 대해서 형사처벌을 하면서 군사독재를 청산한 것이지요. 목숨 걸고 한 일이에요. 이것이 가능했던 거는 국민들이 압도적으로 지지를 해줬기 때문이고, 김영삼 대통령의 배짱과 강한 추진력 때문이기도 해요.

그래서 군부가 퇴진하니까 김대중 대통령이 이어서 대통령을 할 수 있었던 것이죠. 군부독재 정권 시대에는 사람들이 김대중 대통령을 빨갱이라고 그랬으니까요. 군부 사람들이 김대중이 정권을 잡으면 우린 다 죽는다. 그래서 목숨 걸고 김대중은 안 된다고 했어요. 그 군부가 제거되니까 김대중이 대통령이 될 수 있었던 겁니다. 그러니까 YS가 한 일이 얼마나 우리나라 역사를 위해서 잘한 일입니까!

이승만 박사가 친일파 청산을 제대로 못 했다고 그래서 지금도 욕을 먹고 있지 않아요? 그런데 김영삼 대통령은 군부독재를 성공적으로 청산했어요. 역사에 남는 일을 한 겁니다. 그러니까 박정희 다음으로 큰일을 한 거죠. 그런데도 외환위기 때문인지 제대로 된 평가를 못 받고 있어요.

금융실명제

김영삼 대통령은 하나회를 제거하고 군부독재를 뿌리 뽑아서 민주화 기반을 확고하게 다졌습니다. 이어서 1993년 8월 12일 오후 7시 45분 긴급 재정명령권 제16호를 발동해 금융실명제를 전격적으로 실시했습니다. 15분 뒤인 오후 8시부터 은행·증권보험·농협·우체국·새마을금고 등의 모든 예금과 적금 통장, 주식, 자기앞수표, 양도성 예금증서, 채권 발행, 이자 지급과 상환을 실명으로 하게 했어요. 익명과 차명을 금지해서 금융거래를 양성화한 것인데, 이로써 탈세를 원천 봉쇄할 수 있게 된 거예요. 불공평한 과세 관행을 과감하게 수술하고 형평성을 실현한 겁니다. 김영삼 대통령의 진짜 의중은 정경유착과 비자금, 접대비, 뇌물, 무자료 거래 등 경제성장 부산물로 말미암아 불법적인 검은돈이 판을 치고 있는 문제를 근본적으로 해결하는 것이었어요. 불법적인 돈거래를 추적하고 징벌할 수 있게 된 거죠.●

금융실명제는 결국 경제정의를 구현한 것이었어요. 부정부패가 대폭 사라지면서 한국 사회 전체가 몰라보게 투명해졌어요. 성공적이었다는 평가를 받고 있어요.

김영삼 대통령이 금융실명제를 실시할 거라는 거는 청와대 경제수석도 몰랐어요. 심지어 아들한테도 귀띔해 주지 않은 탓에 은닉해 둔 자금이 검찰에 적발되었고 기소까지 당하게 되었다는 에피소드도 남겼지요. 아들 김현철이 대통령선거 비용으로 쓰고 남은 돈 50억 원을 안기부 예산에 묻어두었다가 실명으로 전환하지 못하고 5년 뒤 한보사건 때 적발됐던 것이죠.

정보화시대

김대중 대통령 때 정보화시대를 연 것이라고 알려져 있는데 잘못 알려진 것입니다. 정보화시대 원년元年을 연 인물은 김영삼 대통령이고, 김

● 오인환. 2021. 《金泳三 재평가》 조갑제닷컴. 292쪽~293쪽.

대중 대통령은 본격적으로 추진한 공로를 갖고 있다고 할 수 있기 때문이죠.

김영삼 대통령은 출범한 지 얼마 되지 않았던 1993년 7월 '정보화촉진기본법'에 대한 논의를 시작했어요. 1994년에는 유선 전화와 우편 업무를 주로 다루던 체신부를 정보통신부로 개편했습니다. 정보화를 이끄는 부서로 만들고자 한 것이죠. 1995년 '정보화촉진기본법'을 만들어서 정보화를 추진하기 위한 마스터플랜을 수립했습니다. 1996년 1월 1일부터 시행에 들어갔고요. 이에 따라 광케이블, 그러니까 초고속 정보 통신망을 깔기 시작했어요. 박정희 대통령이 경부고속도로를 깔았다면 김영삼 대통령은 정보고속도로를 깔았던 것이죠. 1996년에는 벤처기업과 중소기업을 전담하는 중소기업청을 신설했고, 1997년 8월에는 '벤처기업 육성에 관한 특별 조치법'도 제정했어요. 벤처기업 육성을 위해서 법인세를 면제하고 우수 인력은 병역 혜택을 줬습니다. 아날로그Analog 방식을 버리고 디지털Digital 방식을 일본보다 먼저 채택한 거예요. 정보화 정책과 벤처기업 지원은 우리나라를 정보통신 강국으로 성장시킨 밑거름이 되었지요.● 전자산업이 일본을 추월하고 세계 최강이 되는 계기를 마련한 것이지요.

세계화

1990년대는 냉전 구도가 깨지면서 세계 질서가 개편되는 격동의 시기

● 오인환. 2021. 《金泳三 재평가》 조갑제닷컴. 506쪽~508쪽.

였습니다. 김 대통령은 급변하는 세계의 움직임에 뒤처지지 않고 선진국을 따라잡기 위해 1994년 11월 16일 세계화 정책을 선언합니다.

세계 경제도 WTO체제를 맞이하고 있었어요. 이홍구 국무총리와 민간인 김진현이 공동책임을 맡고 세계화 추진위원회를 설치하고 본격적인 정책 추진에 들어갔어요. 단기과제는 국제경쟁력 강화에 초점을 뒀어요. 사법고시 합격자를 1000명 선으로 늘리는 등 사법개혁을 했고 교육개혁도 추진했어요.

재벌구조개혁이나 노사문제는 제대로 건드려 보지 못한 게 아쉽기는 합니다. OECD 가입도 이때 했는데 당시로서는 너무 이르다는 비판을 받았지만 30여 년이 지난 현재로서는 한국이 선진국 대열에 접근한 계기를 마련해 줬다는 평가를 받고 있어요. 욕을 먹기는 했지만 세계화 전략을 썼기 때문에 선진국 대열에 접근할 수 있었어요. 그다음에 김대중 대통령이 김영삼 대통령의 업적을 이어받아서 지속함으로써 우리나라가 선진국 궤도에 오르게 된 거죠.

그런데 우리나라 국민들이 좋아하는 역대 대통령 순위를 보면 1등은 노무현 대통령입니다. 2등은 박정희 대통령이고, 3등은 김대중 대통령, 4등은 문재인 대통령, 5등은 윤석열 대통령, 6등은 이승만 대통령, 7등은 박근혜 대통령, 8등은 이명박 대통령입니다. 김영삼 대통령은 9등입니다. 김영삼 밑에는 노태우밖에 없어요. 이게 말이 됩니까?

노무현이나 박정희만큼은 아닐지라도 노무현·박정희 다음 정도로는 인정해 줘야 되는 거 아닙니까? 김영삼 대통령이 없었으면 우리나라가 산업화에 이어서 민주화를 했겠나? 김대중 대통령이었으면 군부에 맞서서 하나회를 척결할 수 있었겠나? 아마 어려웠을 거예요. 이렇게 다부진 사람이 있었기 때문에 역사가 바뀐 겁니다.

김영삼 재평가

그래서 뭐 뭉뚱그려서 농담처럼 말씀드렸습니다만, "대통령 김영삼을 말하다"가 뭐냐! 김영삼은 적어도 둘째는 된다 그런 얘깁니다. 더 궁금하신 분은《김영삼 재평가》그 책을 참고하세요. 누가 썼는지 잘 썼어요. 제가 말은 잘 못해도 글은 잘 써요. 간결하고 군더더기 없이 물 흐르듯이 그렇게 썼어요. 그러니까 한번 읽어 보시면 좋겠습니다. 시간도 많이 갔으니 이제 질문이 있으면 제가 답변하도록 하겠습니다.

김영삼 대통령 평전《김영삼 재평가》를 쓴 오인환 장관이 개항도시 인문학 시즌7 제2강 "대통령 김영삼을 말하다" 강연을 하고 있다.

질문 1 – 청중

김영삼 대통령 첫째 아들은 왜 소리소문이 없습니까? 둘째 아들 김현철은 왜 정계에서 사라졌습니까? IMF 경제위기의 원인은 뭡니까?

답변 – 오인환 장관

제 책을 보시면 반쯤 알 수가 있어요. 근데 아주 복잡합니다. 여하튼 경제적으로 왜 이렇게 됐는지 다방면으로 조사를 해야 합니다. 다른 나라에서는 백서를 만들고 그랬답니다. 그래서 내부요인 외부요인 뭐 이렇게 가려내야 하는데, 김대중 대통령은 그냥 덮었어요. 김대중 대통령이 김영삼 정권을 향해서 IMF를 일으킨 책임을 물어야 하는데, DJ가 YS를 직접 건드리려고 하지 않았어요. 그래서 강경식 부총리와 청와대 경제수석 두 사람만 직무유기 및 직권남용으로 구속기소하는 걸로 끝냈어요.

그런데 경제 사건을 직무유기 직권남용으로 검찰이 기소를 했는데 무죄가 나오고 만 겁니다. 그래서 IMF가 왜 왔는지 모르는 채로 그냥 넘어갔어요. 누구를 탓할 수가 없게 됐어요. 그렇다고 지금 남아 있는 YS정부 사람들이 우리가 잘못했다고 인정할 수 있는 성격이 아니란 말이죠. 그래서 IMF의 원인이라는 게 행방불명이 된 겁니다. 지금이라도 그 원인을 철저하게 객관적으로 분석하고 앞으로 우리가 이런 사태를 다시는 반복하지 않도록 해야 합니다. 김영삼대통령기념재단이 조선일보와 함께 '이승만·박정희·김영삼에 대해서 말하다'라는 시리즈를 5월부터 합니다. 그때 아마 IMF에 대해서도 얘기가 나올 거예요.

김영삼 대통령 첫째 아들이 왜 안 보이느냐고 질문하셨는데, 기질이

개항도시 인문학 시즌7에서 '대통령 김영삼을 말하다' 강연을 마친 뒤 청중이 경제위기의 원인에 대한 질문을 하고 있다.

달라요. 그래서 처음부터 다른 분야로 진출했지요. 둘째는 아버지를 빼닮았어요. 목소리도 닮았어요. 김영삼 대통령 목소리는 선동연설에 맞는 쇳목소리 그러니까 짜랑짜랑 울리는 그런 목소리예요. 그 목소리로 선동연설을 하면 그냥 사방에서 연호가 터지고 막 그랬어요. 둘째 아들 김현철이 아버지를 그렇게 닮았는데 안타깝게도 정치적으로 성공하지 못했습니다.

질문 2 – 청중

여기 강의를 듣게 된 가장 큰 계기가 김영삼 전 대통령이 예전에 어떤 일을 했는지보다는 그 사람이 어떤 사람인지 가까이에서 본 선생님이 그분의 성격을 말씀해 주실 수 있을 것 같아서입니다. 제가 그분의 성격이 왜 궁금하냐면요, 책에서 봐도 그렇고 제가 생각하기에도 그렇고 금융실명제가 우리나라에 엄청난 보탬이 됐다고 보거든요. 근데 당시에는 그걸 시행하기가 힘들었을 텐데 어떻게 할 수 있었을까? 어떤 성격을 지녔길래 그걸 해낼 수 있었는지 인간적인 성격이 궁금합니다.

답변 2 — 오인환 장관

김영삼 대통령은 미남이에요. 장동건처럼 생긴 미남은 아니지만 보통 사람 기준으로 보면 미남이에요. 그러니까 호남好男입니다. 젊을 때부터 인기가 있는 거죠. 스물여섯 살에 국회의원이 됐는데 그때는 요정정치를 하던 시절인데요. 아가씨들이 줄을 섰을 정도로 그렇게 인기가 있었대요.

40대가 돼서는 장발에다가 굽이 높은 구두를 신고 나타나면 요즘 아이돌같이 그냥 막 여자들이 환호하고 체육관에서 정치유세를 하다가 이렇게 뛰면은 남자·여자 막 뒤따라 뛰고 그렇게 인기가 좋았어요. 여자들한테 인기도 좋았고 그렇다고 뭐 남자들한테 인기가 없었냐 그것도 아니에요.

웬만한 집은 은수저 한 벌 정도는 다 있잖아요. 그 집에 그게 없어요. 손님이나 가정부나 김영삼 대통령이나 손명순 여사나 다 똑같은 놋숟가락을 썼어요. 그 정도로 소박하고 겸손합니다. 허례허식이 없어요. 웬만한 사람들은 뭐 생일이다 뭐다 하면 그냥 한상 차려 놓고 먹잖아요. 그런 것도 없었어요. 그게 그런 인간적인 매력이 있었어요.

게다가 뒷돈도 안 챙겼어요. 돈은 전부 비서관한테 다 맡기고 필요하

질문에 답하고 있는 오인환 장관.

면 "홍 수석 얼마만 좀 줘" 그렇게 쓰고 그랬어요. 그런 점에서 훌륭한 거예요. 그러니까 역대 대통령 중에서 이승만 대통령이 깨끗했어요. 박정희 대통령 같은 경우는 MBC하고 영남대학 그것 때문에 말썽은 있었지만 대체적으로 깨끗해요. 그다음으로 꼽으면 김영삼 대통령 외에 추천할 만한 사람이 없어요.

질문 3 — 청중

그러면 선생님, 여자들이 많이 따랐다고 하니까 객관적으로 보기에 잘생긴 얼굴은 아니잖아요? 많은 사람들이 따랐다는 거는 그 사람의 말투나 디테일한 어떤 행동들이 사람을 끌어당기는 매력이 있다는 말씀이세요?

답변 3 — 오인환 장관

그럼요. 그게 정치인한테 대단히 중요하니까요. 그뿐만 아니라 YS는 기회를 포착하는 능력 있죠. 박진감 있죠. 아주 남성적이죠. 그러니까 인기가 있는 거예요.

김영삼 대통령이 얼마나 비밀 지키는 걸 좋아하는지 이런 말이 있어요, 스무 명하고 같이 일하면 비밀은 회의실을 나가는 즉시 다 알려진다고 합니다. 열 명하고 얘기하면 이틀 후에 다 안답니다. 다섯 명하고 얘기하면 열흘 후에 다 알고, 셋이 같이 얘기하면 한 달 후에 다 안답니다. 그런데 믿을 만한 사람하고 단둘이서 얘기하면 그건 비밀이 유지가 된대요. 그 때문에 김영삼 대통령이 보안에 철저하게 됐다는 겁니다. 민주화 운동을 하던 시절 중앙정보부가 김영삼 대통령이나 동지들을 계속 추적하니까 그랬던 겁니다. 그러니까 관계자들 숫자만큼 전화번호를 몽땅 외우고 있었다는 거예요. 왜냐하면 수첩에 기록을 하고 그것이 정보기관에 들어가면 김영삼 대통령을 지지하는 사람들이 수난을 당하게 되니까 메모를 하거나 수첩에 기록을 할 수가 없었어요. 그러니까 200명 300명 되는 전화번호를 다 외웠다는 거예요.

황병태라는 사람이 있습니다. 재무부 차관보 하다가 외국어대학 총장 한 사람이 있어요. 그 사람이 제주도에서 우연히 김영삼 대통령을 만났는데 이 사람이 민주당 부총재로 발탁됐어요. 그 사람이 와서 처음 한 일이 '수첩 하나씩 만들자'는 캠페인이었다고 합니다. "그 많은 전화번호를 언제 다 외우느냐. 수첩에 메모하라"고 권고했대요. 근데 제가 김영삼 대통령을 만났을 때에는 얘기하다가 수첩을 꺼내더라고요. 제가 만났을 때가 수첩을 쓰기 시작한 지 한 1년쯤 된 때인 것 같아요. 그전에는 전부 외웠대요. 동료나 부하들도 전부 그랬어요. 그 사람들이 그렇게 민주화 투쟁을 했어요.

클로징 — 최석호 소장

경청해 주셔서 감사합니다. 열강해 주신 오인환 장관님께 큰 박수 부탁드립니다. 오늘도 감사합니다.

제5장

대한민국 **대통령**을 말하다

최석호 소장

'대한민국 대통령을 말하다' 강연을 마친
최석호 소장과 참가자들의 기념 촬영.

인트로 — 최석호 소장

제가 소개하고 제가 강연을 하려고 하니 쑥스럽습니다. 각설하고 시작하겠습니다.

강연: 최석호 소장, 대한민국 대통령을 말하다

한국갤럽에서는 지난 2004년부터 모두 네 차례에 걸쳐서 한국인이 좋아하는 여러 가지를 조사했습니다.● 뭐 이런 것까지 조사하나 싶지만 막상 자료를 찾아보면 잘 없는 것들에 대한 조사입니다. 평소 우리 곁에서 기쁨과 즐거움을 주는 소소한 것들이지만 기록으로 남겨서 잠시나마 미소 지을 수 있기를 바라면서 한 조사라고 하니까 사회여론조사기관의 사회공헌활동인 셈입니다.

한국 사람이 좋아하는 여러 가지

우리나라 사람들은 부라보콘(9.1%)을 가장 좋아합니다. 부라보콘은 몇 가지 기록을 갖고 있어요. 우리나라 첫 콘 아이스크림입니다. 1970년생이네요. 40주년을 맞은 2010년까지 40억 개를 팔아서 가장 많이 판매한 아이스크림으로 기네스북에도 올랐답니다. 얼마 전 주말에 가족과 함께 외식을 했는데, 식사를 다 한 뒤에 둘째 아들이 '배라'에 가자고 하

● 한국갤럽조사연구소. 2024. "한국인이 좋아하는 50가지". gallup.co.kr

더라구요. 배라가 뭐냐고 했더니 배스킨 라빈스라네요. 10대에서 40대까지로 연령을 한정하면 15%로, 배스킨 라빈스를 가장 좋아합니다.

우리나라 사람들은 신라면을 참 좋아합니다. 라면은 우리나라 사람들의 소울 푸드지요. 35%나 되는 한국 사람들이 신라면을 좋아한다니 정말 대단하네요. 2004년에는 49%였으니까 그나마 좀 빠지긴 했어요. 드링크제는 46%를 차지하는 박카스를 가장 좋아하는데, 20년 전에도 38%로 1위였네요. 맥주는 카스(52%)를 가장 좋아하는데, 2004년에는 하이트(46%)를 더 좋아했어요. 우리나라 맥주는 맛이 없기로 악명이 높은데, 그래서인지 유행을 많이 타네요. 대기업이 술 만들고 커피 파는 나라는 비정상적인 나라죠!

커피전문점은 43%의 사람들이 스타벅스를 가장 좋아합니다. 2014년에도 1위였지만 비율은 25%였어요. 저는 커피를 좋아하지 않지만, 커피숍을 경영하다 보니 무수하게 마시고 매일 연구도 합니다. 다종다양한 생두를 볶고 갈고 내립니다. 스타벅스 커피를 좋아하는 걸 보니 커피 맛은 모르는 게 확실합니다. 스타벅스 리저브는 제외입니다. 전문가 소견입니다.

개항도시 커피마을을 준비하면서 우리나라 최초 서비스커피를 연구하기도 했어요. 우리나라 사람들이 처음 마신 커피는 자바섬에서 생산한 아라비카종 원두였어요. 이걸 약사발로 갈아서 삼베거름망에 넣은 뒤 한약재 달이는 것처럼 끓여서 마셨어요. 정말 그랬을까 싶죠? 사진을 두 장 보여드릴게요. 무슨 기계 같아요? 하나는 약재 분쇄기고 다른 하나는 원두 그라인더입니다. 구분되나요? 아직도 옛날과 마찬가집니다.

약재 분쇄기(왼쪽)와 원두 그라인더(오른쪽).

자동차 제조사는 현대(45%)를 가장 좋아하고 벤츠(19%)를 두 번째로 좋아합니다. 일상복은 나이키(6.5%)를 좋아하고 명품은 샤넬(21%)을 좋아합니다. 주중에는 나이키 입고 현대자동차를 타고 출근하고, 주말에는 샤넬 입고 벤츠 타고 나들이 가고 싶은 건지도 모르겠어요.

한국 사람이 좋아하는 사람

좋아하는 음식이나 물건뿐만 아니라 좋아하는 사람도 조사했는데, 2024년 조사에서 우리나라 사람들은 손흥민 선수를 가장 좋아한다고 했네요. 무려 49%나 됩니다. 코미디언 중에서는 유재석(35%)을, 기업인 중에는 정주영 회장(22%)을, 영화배우는 최민식(8.1%)을, 탤런트는 김수현(6.4%)을, 소설가는 박경리(6%)를 좋아한다고 답했고요. 가장 존경하는 인물은 이순신 장군(14%)인데, 부모님을 존경한다는 사람이 4.3%로 7위를 차지하면서 처음으로 순위에 등장했어요. 우리 사회가 점점 개별화individualisation되어 가는 지표일지도 모릅니다.

20년 전 조사를 보면 지금과는 좀 달라요. 운동선수는 이승엽 선수(12.2%)를 가장 좋아합니다. 2위는 박찬호 선수(8.7%)인데 1·2위가 모두 야구선수네요. 2024년 조사에서는 손흥민 선수와 이강인 선수(7%) 그러니까 모두 축구선수로 바뀌지요. 코미디언은 이주일(6.5%)을, 기업인은 이건희(17%)를, 영화배우는 안성기(13.4%)를, 탤런트는 최불암(4.1%)을, 가수는 이미자(5.6%)를, 소설가는 이문열(6.6%)을 좋아합니다.

한국 사람이 좋아하는 대통령

'좋아하는 대통령'도 조사했습니다. 2004년 첫 조사에서 박정희 대통령을 좋아하는 사람은 48%로 1위였어요. 당시 현직이었던 노무현 대통령은 7%로 3위에 불과했고요. 박정희 대통령을 좋아하는 사람이 노무현 대통령을 좋아하는 사람보다 약 7배 많았던 거죠.

그로부터 10년 뒤인 2014년 두 번째 조사를 했습니다. 그해 4월 16일 세월호가 침몰합니다. 한국 사람이 좋아하는 대통령 순위도 극적으로 바뀝니다. 노무현 대통령을 좋아하는 사람이 32%로 박정희 대통령을 좋아하는 사람 28%를 제치고 1위에 올라섭니다. 2014년에 이어서 2019년에도 노무현 대통령을 좋아하는 사람은 32%로 변동이 없습니다. 박정희 대통령을 좋아하는 사람은 다시 한번 더 떨어져서 23%에 그칩니다. 2024년 네 번째 조사를 했을 때도 순위에는 변동이 없습니다. 노무현 대

'대한민국 대통령을 말하다'를 강연하고 있는 최석호 소장. 최석호 소장은 개항도시 인문학 시즌7 '대통령을 말하다'를 기획했다.

통령 31%로 1위, 박정희 대통령 24%로 2위입니다. 20년간에 걸친 조사를 요약하면, 노무현 대통령을 좋아하는 사람은 4.5배 늘고, 박정희 대통령을 좋아하는 사람은 절반으로 줄었습니다.

민주화운동을 이끌었던 김영삼·김대중 두 분 대통령은 어떨까요? 2004년 응답자 14%가 김대중 대통령을 좋아했고, 2014년에는 16%, 2019년에는 11%, 2024년에는 15%가 좋아합니다. 대체적으로 안정적입니다. 2004년 2위를 제외하면 항상 3위로 순위도 일정합니다.

2004년 김영삼 대통령을 좋아하는 사람은 1%로 조사대상 대통령 7명 중 5위였습니다. 2014년에는 1.6%로 7위, 2019년에는 1.9%로 6위, 2024년에는 1.2%로 9위입니다. 좋아하는 사람도 거의 없는 데다가 순위마저 들쭉날쭉입니다.

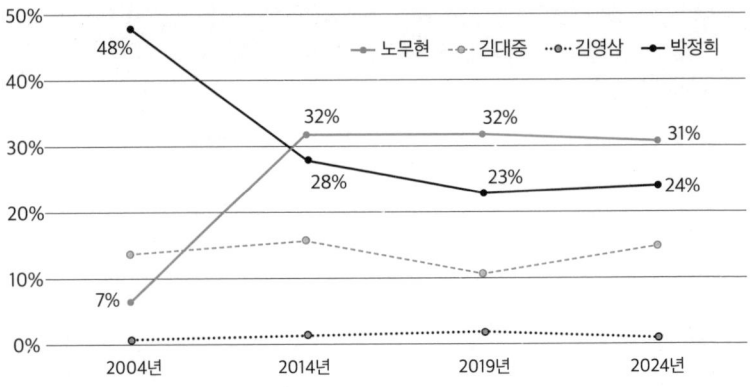

한국 사람이 좋아하는 대통령.
(출처: 한국갤럽조사연구소. 각 년도. "한국인이 좋아하는 50가지")

　이처럼 우리나라 사람들이 좋아하는 대통령은 극적으로 변하고 있습니다. 그렇다면 2025년 현재는 어떤 대통령을 원할까요? 누가 대통령이 되어야 할 것인지가 아니라 어떤 사람이 대통령이 되어야 할지를 알고 싶었어요. 최선이든 차악이든 다시 한번 선택을 해야 하니까요.
　유시민 작가는 제4강 강연을 하면서 이재명 최소한 55%, 김문수 25%~35%, 여타 후보자 10% 내외로 예측했는데, 근거는 한국갤럽이 조사한 "한국인이 좋아하는 50가지"입니다. 조금 전에 우리가 함께 살펴봤죠. 진보정당 대통령을 좋아하는 사람 수치를 보면, 노무현 대통령 31%, 김대중 대통령 15%, 문재인 대통령 9%입니다. 이 수치를 모두 합치면 55%가 나오기 때문에 이번 대통령 선거에서 이재명 후보가 55%를 득표할 거라고 본 거죠. 반면에 보수정당 대통령을 좋아하는 사람 24%가 박정희 대통령, 2.9%가 윤석열, 2.7%가 이승만 대통령, 2.4%가 박근혜,

1위 당선
이재명 기호1 · 더불어민주당　　　　　　　　　17,287,513표 **49.42%**

2위
김문수 기호2 · 국민의힘　　　　　　　　　　　14,395,639표 **41.15%**

3위
이준석 기호4 · 개혁신당　　　　　　　　　　　2,917,523표 **8.34%**

4위
권영국 기호5 · 민주노동당　　　　　　　　　　　344,150표 **0.98%**

제21대 대통령 선거 개표 결과

1.6%가 이명박 대통령, 1.2%가 김영삼 대통령이라고 답했어요. 산술적으로 합산하면 34.8%입니다. 그런데 윤석열 내란 사건 때문에 승패가 확연하게 갈려서 보수지지자들은 투표소에 나오지 않을 가능성이 높다고 봤어요. 그래서 득표율을 최대로 잡으면 35%가 됩니다.

　제가 생각하는 것도 크게 다르지 않습니다. 그렇지만 근거를 달리해서 살펴보려고 했어요. 그리고 저는 득표율 예측이 아니라 우리나라 사람들이 어떤 대통령을 원하는지를 알고 싶었어요.

　두 가지 방법으로 알아봤어요. 한 가지 방법은 국민들에게 직접 물어보는 겁니다. 국민들이 대통령을 어떻게 생각하는지에 따라 대통령의 사회적 이미지가 형성되는 것이니까요. 노무현·김대중·김영삼·박정희 등 네 분 대통령 자서전이나 평전을 쓴 작가를 초청해서 강연을 열었습니다. 강연을 마친 뒤 참가자들에게 설문조사를 했습니다. 참가자들이 대통령과 대통령이 추진한 정책을 어떻게 생각하는지 알게 됐어요. 자연스럽게 사람들이 왜 노무현 대통령을 좋아하고 김영삼 대통령을 탐탁지 않게 생각하는지를 알 수 있지요. 참가자 설문조사이니 참가자들의 생각입니다. 모집단과 표본이 동일하니 모수를 추정할 필요가 없지요. 따라서 그 자체로 팩트로 간주할 수 있어요. 다만 우리나라 국민들이 이렇게 생각하는 것이 아니라는 점을 분명히 해야지요.

다른 한 가지 방법은 역대 대통령에 대한 문헌 연구입니다. 역대 대통령들은 언제 정치인이 되었는지를 살펴봤습니다. 정치인이 된 때부터 우리가 기억하는 그분만의 특징이 드러나는 것이고 우리는 그 모습을 기억하고 있는 것이거든요. 박정희 대통령은 볏단을 움켜쥐고 있는 사진과 농민들 틈에서 막걸리 마시는 사진을 많이 배포했습니다. 대통령이 국민에게 심고자 했던 이미지죠. 그러나 우리나라 사람들은 군복을 입은 대통령과 연예인을 안가로 불러서 시바스 리갈을 마시는 대통령으로 기억하고 있습니다. 일단 결단하면 밀어붙이는 강한 군인이면서 부패한 독재자라는 뜻이 되지요. 언제부터 이런 모습으로 기억하기 시작했을까요? 박정희 대통령이 정치인이 된 뒤라는 게 제 생각입니다. 그렇다면 박정희 대통령은 언제부터 정치인이 되었을까요? 각종 문헌을 통해서 자연스럽게 정치인 박정희를 알 수 있겠지요.

노무현 대통령과 대연정 제안

　노무현 대통령의 고향은 경남 김해 진영 봉화산 아래 자은골입니다. 1946년 9월 1일 노판석과 이순례의 다섯 자녀 중 막내로 태어났습니다. 아버지는 노무현에게 천자문을 가르치고 교회에 다니도록 했습니다. 대창초등학교와 진영중학교 그리고 부산상고를 졸업했습니다. 가난 때문에 고등학교를 졸업하는 것도 여의치 않았습니다.

　농협 입사시험에 떨어지고 어망회사에서 일하다가 그만두고 막노동을 하기도 했습니다. 마을 들판 건너 뱀산 자락에 토담집을 짓고 고시 공부를 시작합니다. 1975년 제17회 사법고시에 합격합니다. 한 해에 60명을 뽑던 시절에 그야말로 기적 같은 일입니다. 대전지방법원에서 판사 생활을 시작합니다. 7개월 만에 그만둡니다. 1978년 변호사 사무실을 개소합니다.●

　1981년 9월 부림사건이 터집니다. 부산양서조합 회원들이 돌잔치·개업축하·송년회 등을 같이 했답니다. 공안당국에서 양서조합을 반국가단체로 조작했습니다. 영장 없이 체포하고 불법구금한 상태에서 몽둥이로 두들겨 패고 물고문을 했습니다. 검사에게 살해 협박을 받으면서도 아랑곳하지 않고 열심히 변호했습니다. 그러나 피고인 전원 유죄 선고를 받았습니다. 1982년에는 부산미문화원 방화사건 변호를 맡았습니다. 이때 문재인 변호사를 만나서 함께 일합니다. 인권변호사가 되려고 한 것이 아니고 우연히 그렇게 되었습니다.

● 노무현재단 엮음, 유시민 정리. 2019. 《운명이다: 노무현 자서전》 돌베개. 42쪽~71쪽. 이하 《운명이다》를 근간으로 본문을 구성했다.

1984년 김영삼 총재가 목숨을 걸고 단식을 합니다. 1985년 김대중이 귀국합니다. 김영삼과 김대중이 손잡고 이민우 씨를 총재로 내세워 신한민주당을 창당합니다. 2·12총선에서 제1야당이 됩니다. 1986년 9월부터 사건수임을 멈추고 민주화운동에 전념합니다. 민주헌법쟁취국민운동본부가 출범하자 부산본부 상임집행위원장을 맡아서 1987년 부산 6·10 민주항쟁을 주도합니다. 노태우는 결국 6·29선언을 합니다. 대통령 직선제를 받아들입니다. 그러나 통일민주당 김영삼 총재와 평화민주당 김대중 총재는 끝끝내 단일화를 거부합니다. 1987년 12월 제13대 대통령 선거에서 패배합니다.

1988년 김영삼 총재 영입 제안을 받아들입니다. 4월 총선에서 부산 동구에 출마해 5공 실세 허삼수를 누르고 당선됩니다. 1988년 가을 제5공화국비리조사특별위원회 청문회와 5·18광주민주화운동진상조사특별위원회 청문회를 열었습니다. 이때 소위 청문회 스타가 됩니다. 마지막 절차로 전두환을 증인으로 불렀습니다. 전두환은 자위권 발동을 주장하면서 증언이 아니라 연설을 했습니다. 노무현 의원은 자리에서 일어나 "전두환이 아직도 너희들 상전이야!"라고 고함쳤습니다. 명패를 팽개쳤습니다. 국회의원 생활이 순탄하지 않았습니다.

야권 통합운동을 시작합니다. 얼마 지나지 않아 노태우·김영삼·김종필은 3당합당을 선언합니다. 통일민주당 합당 결의 대회장에서 "이견 있습니다. 반대 토론합시다"를 외칩니다. 아무 소용이 없었습니다. 영남은 보수정치세력에 함락되고 호남은 고립됐습니다. 이때부터 지역분할주의에 맞섭니다.

탈당합니다. 함께 탈당한 8명 의원들과 민주당을 창당합니다. 전국을 다니면서 지구당을 창당합니다. 다른 한편 평화민주당과 통합협상을 합니다. 1991년 9월 통합민주당으로 야권을 통합합니다. 그러나 1992년 제14대 총선에서 떨어집니다. 1995년 부산시장 선거에 출마했습니다. 당선 가능성이 전혀 없었지만 지역주의에 맞서기 위해 출마했습니다. 그리고 떨어졌습니다. 1996년 4월 제15대 총선에서 서울 종로구에 출마합니다. 또 떨어졌습니다. 1997년 11월 새정치국민회의에 입당합니다. 12월 새정치국민회의 김대중 후보가 대통령에 당선됩니다. 1998년 종로구 보궐선거에서 당선됩니다. 2000년 4월 부산 북강서 을 선거구에서 제16대 총선에 출마합니다. 영남에서 지역감정을 부추기는 이회창 총재에게 경고하려고 했습니다. 네 번째로 떨어집니다. 종로에서 출마했다면 당선이 확실한데 굳이 부산으로 가서 떨어졌습니다. 6월 6일 '노사모'가 결성됐습니다. 이때부터 '바보 노무현'이라는 별명이 붙습니다. 2000년 8월 해양수산부 장관이 됩니다.

 2002년 제16대 대통령 선거를 앞두고 민주당 대통령 후보를 뽑는 국민참여경선에 뛰어듭니다. 3월 9일 제주 첫 경선에서 3위를 합니다. 다음 날 울산에서 1위를 합니다. 3월 16일 광주 경선에서 광주·전남 대표 정치인 한화갑을 누르고 또다시 1위를 합니다. 4월 27일 서울 잠실에서 민주당 대통령 후보가 됩니다. 상식이 통하고 원칙이 지켜지고 법이 공정하게 집행되는 나라를 약속합니다. 12월 19일 대통령에 당선됩니다. 약속을 지키기 위해 원칙과 신뢰, 투명과 공정, 분권과 자율, 대화와 타협 등 네 가지 국정원칙을 천명하고 참여정부를 시작합니다.

김대중 대통령은 IMF 빚을 조기에 상환하고 1234억 달러를 채웠습니다. 노무현 대통령은 2620억 달러로 늘려서 이명박 대통령에게 넘겨줍니다. 2007년 참여정부 마지막 해 10월 31일에는 2064.85포인트로 코스피 최고치를 경신합니다. 임기 중 물가상승률은 2~3%로 잘 관리했습니다. 경제성장률은 4% 내외로 안정적으로 성장했습니다.

그러나 정치는 쉽지 않았습니다. 2003년 민주당이 갈라졌습니다. 개혁파 의원 40여 명이 민주당을 탈당하고 열린우리당을 창당합니다. 2004년 3월 10일 제17대 총선을 한 달 앞두고 한나라당과 민주당이 함께 탄핵소추안을 발의합니다. 민주당에서는 대통령이 대국민 사과를 하거나 사과로 간주할 수 있는 말을 하면 표결에 참여하지 않겠다고 했습니다. 노무현 대통령은 그렇게 하지 않았습니다. 박관용 국회의장이 4당 대표회담을 제의했습니다. 노무현 대통령은 거절했습니다. 3월 12일 국회 경위들과 야당 의원들이 열린우리당 의원을 모두 끌어내고 탄핵안을 가결했습니다. 이날부터 시청 앞에서 촛불집회가 열렸습니다. 4월 15일 총선에서 152석 과반을 얻습니다. 5월 14일 헌법재판소가 탄핵소추안을 기각할 때까지 63일 동안 청와대 관저에서 칩거했습니다.

2005년 4월 국회의원 재보궐선거에서 0 대 23으로 집니다. 다시 여소야대로 돌아갑니다. 2005년 8월 KBS 〈국민과의 대화〉에 나가서 한나라당에 대연정을 제안합니다. 지역 구도를 해소하고 대화와 타협의 정치문화를 만들려고 했습니다. 1등만 살아남는 소선거구제는 지역 분할로 이어집니다. 영남에서는 한나라당으로 몰리고, 호남에서는 민주당으로 몰립니다. 여타 지역에서도 출신 지역에 따라 투표하는 성향이 나타납니다. 소선거구제와 지역 대결은 우리 정치를 한 발짝도 나갈 수 없게 만듭니다. 그래서 과반수 의석을 차지하는 정당이나 정치연합에게 내각 구성 권한을 넘겨주고자 했습니다. 대신 특정 지역에서 2/3 이상 의석을 차지할 수 없도록 선거법을 개정하자는 제안입니다.*

노무현은 바보가 됩니다. 지역 구도를 깨기 위한 선거제도 개혁 때문입니다. 대연정을 제안하면서 노무현은 바보가 아니라 정치인이 됩니다. 그러나 현실은 한나라당과 열린우리당 모두에게 의심과 비판만 받는 것으로 끝납니다. 그래서 4대 국정원칙 중 대화와 타협은 끝내 시원찮은 채로 임기를 마칩니다. 대연정이 성사되었더라면 우리 정치가 새로운 장을 열었을지도 모릅니다.

노무현 대통령은 편법과 반칙이 아닌 정의로운 승리를 위해 헌신했습니다. 사람 사는 세상을 만들고자 하는 노력을 정당하게 평가할 날이 올 때까지 국민들은 노무현을 버리지 못할 겁니다. 곁에 있을 때는 몰랐습니다. 떠나고 난 뒤에 더 그리운 노무현은 자랑스러운 대한민국 대통령입니다.

박정희 대통령과 10월 유신

너무 가난해서 식구 하나라도 줄이려고 간장을 한 사발이나 마시고, 디딜방아 머리를 배에 대고 뒤로 자빠지기도 했지만, 뱃속 박정희는 여전히 잘 놀았습니다. 박정희 대통령은 1917년 11월 14일 경북 선산군 구

● 김삼웅. 2024. 《노무현 평전: 지울 수 없는 얼굴, 꿈을 남기고 간 대통령》 두레. 367쪽~377쪽.

미면 상모리 금오산 자락에서 태어났습니다. 아홉 살 되던 해에 구미보통학교에 입학해서 늘 1등을 했습니다.

1932년 대구사범 4기로 입학해서 공부했지만 성적은 좋지 않았고 행동평가도 나빴습니다. 1937년 졸업하고 문경공립보통학교에서 3년 동안 교사로 재직합니다. 이때 조선총독부에서는 농촌진흥정책을 추진하고 있었는데, 문경보통학교는 인근 농원을 경영하는 지정학교였습니다. 지정학교는 농촌개발운동을 이끌 마을지도자를 양성하고, 교사는 마을지도를 맡았습니다. 박정희 교사의 농촌개발운동 체험은 훗날 새마을운동을 추진하는 데 자양분이 되었다고 합니다.

박정희 대통령은 "一死以テ御奉公 朴正熙"(한 번 죽음으로써 충성함 박정희)●라고 쓴 혈서를 만주군관학교로 보냅니다. 치안부 군정사 징모과 담당자를 감격시키고 1940년 만주국 신경군관학교에 입학합니다. 만주국은 일제의 괴뢰국입니다. 김종신 공보비서관이 "각하는 왜 만주국에 가셨습니까?"라고 묻자 박정희 대통령은 단순명쾌하게 답합니다. "긴 칼 차고 싶어서 갔지."●● 박정희 대통령은 대단히 강한 성공 열망을 지니고 있었습니다.

1942년 10월 일본육군사관학교 57기 3학년에 편입해서 1944년 4월 졸업합니다. 7월 만주 열하성에 주둔한 만주군 보병 제8단장 부관이 됩니다. 중국 인민해방군 전신인 팔로군 토벌 임무를 맡은 부대입니다.

● 친일인명사전편찬위원회. 2009. 《친일문제연구총서 인명편2: 친일인명사전》 민족문제연구소. 106쪽~109쪽.

●● 조갑제. 2009. 《박정희의 결정적 순간들: 62년 생애의 62개 장면》 조갑제닷컴. 68쪽~70쪽.

12월 정식으로 만주군 소위로 임관합니다.● 그러나 일제가 패망하자 잠시 방황하다가 북경으로 도망칩니다. 그곳에서 대한민국 임시정부 광복군 제3지대 평진대대 제2중대장이 됩니다. 1946년 9월 태릉에 있는 남조선경비사관학교 학생대장으로 입학하여 3개월 뒤 졸업하고 한국군 소위가 됩니다. 다른 한편 남로당에 가입합니다. 광복과 함께 소련군은 북한에 미군은 남한에 진주합니다. 이념대립이 치열해집니다. 박정희는 좌·

박정희 대통령 혈서 충성맹세를 보도한 〈만주신문〉 1939년 3월 31일 자 기사.●●

우 양쪽 모두에 발을 들이지만 좌익에 치우친 듯합니다.

1948년 여순사건이 터지면서 박정희의 양다리는 들통납니다. 붙들려서 서대문형무소에 갇힙니다. 군내부 남로당원 69명을 실토합니다. 그중에서 영관 장교는 박정희를 포함 3명이었습니다. 박정희는 무기징역을 선고받습니다. 나머지 2명은 사형됩니다. 15년으로 감형된 뒤 집행정지로 풀려납니다. 만주군 선배 백선엽 육본 정보국장과 일본 육군사관학교 선배 김정렬 항공사관학교 교장이 도와주었기 때문입니다. 죽

● 박영규. 2022. 《대한민국 대통령실록》 웅진지식하우스. 171쪽.
●● 친일인명사전편찬위원회. 2009. 《친일문제연구총서 인명편 2: 친일인명사전》 민족문제연구소. 106쪽.

음 직전까지 갔다가 목숨을 건진 박정희는 한국전쟁 발발 닷새 만인 6월 30일 육군본부 작전정보국 1과장으로 복귀합니다. 9월에 중령으로 진급하고 10월에 만주군 선배 장도영의 추천으로 9사단 참모장 대령이 됩니다. 1953년 11월 준장으로 별을 달고, 1957년 소장이 됩니다.

1961년 4·19시민혁명 1주년에 대대적인 폭동이 일어날 것이라는 소문이 돌자 쿠데타를 일으킬 준비를 합니다. 소문과 달리 폭동은 일어나지 않았습니다. 그러나 군사반란 첩보를 입수한 윤보선 정부 장면 총리는 장도영 육군참모총장에게 진상을 조사하도록 지시하는 한편 육군방첩대를 통해 박정희를 감시합니다. 쿠데타 계획이 탄로 날 위기에 처한 박정희는 6군단 포병과 1공수를 앞세우고 한강 인도교를 건넙니다. 중앙청과 육군본부를 장악한 뒤 서울중앙방송국 방송으로 쿠데타를 알리고 장도영 육군참모총장 명의로 계엄을 선포합니다.● 국가재건최고회의 의장과 내각 수반이 된 박정희는 미국으로 가서 1961년 11월 14일 케네디 대통령을 만납니다. 1962년 10월 26일 국가재건최고회의에서 4년 중임 대통령제로 바꾼 헌법을 12월 26일 공포하고 제3공화국을 출범시킵니다. 10월 15일 제5대 대통령에 당선됩니다.

1968년 1월 21일 북한은 31명의 공비를 남파합니다. 김신조를 제외한 29명을 사살하고 2명은 다시 북한으로 넘어갔습니다. 1월 23일에는 원산 앞 공해상에서 작전 중이던 미군 정보수집함 푸에블로호를 납치합니다. 최대 위기를 맞은 박정희 대통령은 "우리의 안전과 평화를 위협하는

● 박영규. 2022. 《대한민국 대통령실록》 웅진지식하우스. 175쪽~179쪽.

것은 밖으로부터의 침략만이 아니다. 더 무서운 적은 우리 안에 있다. 바로 빈곤이다.● 일면 국방 일면 건설이라는 이 두 가지 말은 똑같은 뜻이다. 국방 그 자체가 경제건설이다.●● 그래서 우리는 일하면서 싸워야 한다. 그러기에 우리는 싸우면서 일해야 한다"●●● 고 말합니다. 공산주의를 막아내고 민주주의를 지키는 길은 휴전선과 해안선을 봉쇄하는 것이 아니라 빈곤층을 없애고 중화학공업화를 달성하는 것이라는 혜안입니다. 새마을사업과 중화학공업 건설을 시작합니다. 김정렴 비서실장은 "박정희 대통령이 집무 시간 중에서 국방에 가장 많은 부분을 할애했고 다음으로 경제였는데 정치는 우선순위 아래쪽이었다"고 기억합니다.●●●● 박정희 대통령은 정치에 관심이 없었습니다. 그러니 대화하고 타협할 이유가 없지요. 정치 실종은 계속됩니다.

  1969년 박정희 대통령은 3선연임을 위해 헌법을 한 번 더 고치려고 합니다. 돈과 밀가루를 많이 뿌리고 결국 3선개헌을 성사시킵니다. 1971년 밀가루헌법에 따라 제7대 박정희 밀가루 대통령이 탄생합니다. 1972년 박정희 대통령은 비상계엄을 선포합니다. 국회를 해산하고 정당활동을 금지합니다. 그리고 10월 유신을 선언합니다. 영원히 대통령을 할 수 있도록 헌법을 세 번째 고칩니다. 통일주체국민회의를 통해 간접선거로 대통령을 뽑습니다. 국회의원 1/3에 해당하는 전국구 의원도 통일주체

● 1965년 1월 23일 자유의날 담화문.

●● 1970년 1월 9일 기자회견.

●●● 1968년 5월 29일 고급공무원에게 보낸 친서.

●●●● 조갑제. 2009. 《박정희의 결정적 순간들: 62년 생애의 62개 장면》 조갑제닷컴. 474쪽~477쪽.

국민회의가 뽑습니다. 대통령은 국회를 해산할 수 있지만 국회는 대통령을 탄핵할 수 없습니다. 유신헌법입니다. 1972년 11월 30일 제8대 박정희 체육관 대통령이 탄생합니다.● 1973년 10월 2일 서울대 문리대생들이 유신 뒤 첫 시위를 합니다. 12월 24일 재야 원로 30명은 개헌청원 100만 명 서명운동을 시작합니다. 1975년 1월 22일 박정희 대통령은 유신헌법에 대한 찬반투표를 발표합니다. 60% 이상 찬성표가 나오지 않으면 청와대를 떠나겠다고 말합니다. 신민당과 민주회복국민회의가 투표 거부를 종용하는 가운데 2월 12일 국민투표를 치릅니다. 투표율 79.8%에 73% 지지를 얻습니다.●●

1975년 4월 8일 고려대에 휴업령을 내리고 군대가 들어갑니다. 4월 9일 인혁당 재건위 사건 관계자 7명과 여정남 등에 대한 사형을 집행합니다. 재판 형식을 띠었을 뿐 사실상 연쇄살인입니다.●●● 1964년 한·일 국교를 재개하려고 할 때 국민들은 거세게 반대했습니다. 박정희 대통령은 인혁당 사건을 조작하고 돌파합니다. 1969년 삼선개헌과 1972년 유신 등 종신집권체제를 구축할 때 또다시 국민들은 저항합니다. 박정희 대통령은 인혁당 재건위 사건을 조작하고 돌파합니다.

모든 난관을 돌파하기만 했던 박정희 대통령이 1975년 5월 21일 김영삼 신민당 총재와 여야영수회담을 합니다. 박정희 대통령은 7월 20일 박순천 민중당 대표최고위원과 여야영수회담을 한 적이 있습니다. 합의한

● 박영규. 2022. 《한 권으로 읽는 대한민국 대통령실록》 웅진지식하우스. 223쪽~232쪽.
●● 조갑제. 2009. 《박정희의 결정적 순간들: 62년 생애의 62개 장면》 조갑제닷컴. 617쪽~641쪽
●●● 한홍구. 2014. 《유신: 오직 한 사람을 위한 시대》 한겨레출판. 95쪽~116쪽.

것이라고는 "헌정질서를 유지하자. 극한대립을 지양하자"가 고작입니다.● 만났다는 데에 의의가 있을 뿐입니다. 김영삼 총재와의 회동은 달랐습니다. 두 시간 동안 배석자 없이 대화를 이어갑니다. 박정희 대통령으로서는 처음으로 하는 대화다운 대화입니다. 박정희 대통령은 민주주의를 하기로 약속합니다.

박정희 대통령은 드디어 정치인이 되었습니다. 정치인은 약속을 지킬 수도 있고 어길 수도 있습니다. 약속을 어기려면 다시 협상하고 타협합니다. 박정희 대통령은 약속을 지키지 않았습니다. 야당 총재를 다시 만나지도 않았고 정치력을 발휘하지도 않았습니다. 대신 발포명령을 고려합니다. 만약 정치인 박정희를 견지했다면 상황은 달라졌을지도 모릅니다.

1979년 8월 경찰은 신민당사를 급습합니다. YH무역 노조원들이 신민당사에서 농성을 벌이고 있었기 때문입니다. 노조원 김경숙 씨가 목숨을 잃습니다. 김영삼 총재 직무를 정지시키고 국회의원에서 제명합니다. 남조선민족해방전선 사건을 조작해서 공안정국으로 몰고 갑니다. 10월 16일 부마항쟁이 일어납니다. 10월 26일 박정희 대통령은 궁정동 안가에서 김재규 중앙정보부장이 쏜 총에 맞아 유명을 달리합니다.

반면에 경제 분야에서는 엄청난 성과를 냅니다. 제1차 경제개발 5개년계획이 시행되기 전에는 국가총생산GNP 연평균 성장률이 2.3%였는데, 기간 중에는 8.3%로 껑충 뜁니다. 제2차 경제개발 5개년계획 기간 중에는 10%로 오르고, 제3차 5개년계획 기간 중에는 10.9%로 오릅니

● 선한용. 2015. "박 대통령은 왜 영수회담을 하지 않을까요". 〈한겨레신문〉 10월 23일 자.

다. 제1차 계획을 시작한 1962년에는 경공업 비율이 71.4%에 이르고 중화학공업은 28.6%밖에 되지 않았습니다. 제3차 계획이 끝나는 1976년에는 경공업이 54.1%로 줄어들고 중화학공업은 45.9%로 높아지고, 1981년 제4차 계획 마지막 해에는 경공업 48.1%, 중화학공업 51.1%로 드디어 역전됩니다. 산업구조 자체가 선진국형으로 전환된 겁니다.●
1960년에는 농어민이 64%였는데 1980년에는 31%로 감소합니다. 1인당 국민소득도 1961년 87달러에서 1979년 1597달러로 올라갑니다. 보릿고개는 남 이야기가 되었습니다.●●

　박정희 대통령 재임 기간 중 절대적 빈곤에서 벗어납니다. 산업구조도 선진화합니다. 후진국에서 개발도상국으로 올라서면서 선진국으로 나아가기 위한 초석을 다집니다. 전통사회에서 산업사회로 변화합니다.

　박정희 대통령은 산업화와 경제성장의 공이 있고 동시에 독재와 노동자를 희생시킨 과가 있습니다. 모든 난관을 이겨내고 성공한 자신의 인생처럼 대한민국을 성공시키기 위해 밤낮없이 노력한 대한민국 대통령입니다.

김대중 대통령과 목포의 전쟁

　김대중 대통령은 1924년 1월 6일 전라남도 신안군 하의도 후광리에서 아버지 김운식과 어머니 장수금 사이에 장남으로 태어났습니다. 장남이었지만 서자였기에 아버지에게는 차남입니다. 후광리後廣里는 글자 그대

● 한국역사연구회. 1991.《한국현대사 3 : 1960·70년대 한국사회와 변혁운동》풀빛. 144쪽~157쪽.
●● 김호기. 1999.《한국의 현대성과 사회변동》나남. 187쪽.

로 하의도 뒤편 넓은 땅을 일컫습니다. 바다였으나 메워서 땅이 된 곳, 넓은 간척지 후광은 대통령의 고향이면서 아호입니다. 바다에서 땅으로 변했던 고향 마을처럼 대통령은 끊임없이 변했고, 넓은 고향 마을처럼 대통령은 넓었습니다.

 김대중이 서당에서 한학을 배우던 중 하의도에 4년제 보통학교가 생기자 2학년으로 편입합니다. 아들을 공부시키려는 어머니의 마음이었을까요 아니면 더 넓은 세상으로 가고자 하는 아들의 소망 때문이었을까요? 1936년 어머니는 후광을 데리고 목포로 나갑니다. 목포에서 어머니는 후광을 6년제 목포제일보통학교 4학년에 편입시키고, 영신여관을 운영합니다. 보통학교를 졸업한 후광은 목포공립상업학교를 수석으로 입학합니다. 1943년 목포공립상업학교를 졸업한 김대중은 해운회사에 취업합니다. 한국전쟁이 한창이던 1951년 김대중은 해운회사를 창업합니다. 전쟁으로 육로가 막히면서 사업은 날로 번창했습니다.

 정치에 입문한 것은 1954년 제3대 민의원 선거입니다. 목포에서 무소속으로 입후보했으나 낙선합니다. 1958년 인제에서 다시 국회의원 선거에 나섰지만 자유당 후보가 후보등록을 방해하는 바람에 선거도 치르지 못했습니다. 김대중은 자유당 당선자를 고소하여 재판에서 승소합니다. 1959년 보궐선거에 다시 나섰으나 낙선합니다. 내각책임제를 골자로 한 헌법개정안이 국회를 통과하면서 새 헌법에 따라 1960년 제5대 민의원 선거와 제1대 참의원 선거를 치릅니다. 또다시 출마하지만 또다시 낙선합니다. 1954년 처음 정치에 입문하여 네 번의 선거를 치르는 동안 김대중은 아내와 딸 그리고 여동생을 잃습니다.

처음 당선된 것은 정치에 입문한 지 8년 차에 접어든 1961년입니다. 인제 민의원 당선자가 3·15부정선거에 연루되어 의원 자격을 박탈당하면서 다시 치른 1961년 인제군 보궐선거에서 마침내 당선됩니다. 그러나 기쁨도 잠시. 박정희 장군의 군사쿠데타로 물거품이 됩니다. 1964년 제6대 국회의원 선거에 목포에서 민주당 후보로 출마하여 당선됩니다. 두 번째 당선되었을 때에야 비로소 국회에 들어갑니다.

정치인으로서 전환점을 맞은 것은 1967년 제7대 국회의원 선거입니다. 목포에서 출마한 공화당 후보는 육군 소장 출신으로 체신부 장관을 지낸 김병삼입니다. 박정희 대통령은 목포에 내려와 이훈동 가옥에 머물면서 김병삼 후보 지원 연설을 하고, 아예 목포에서 국무회의를 개최하고, 개발공약을 쏟아냅니다.

김대중과 김병삼의 대결이라기보다는 사실상 김대중과 박정희가 맞붙은 선거지요. 김대중은 가두유세에서 다음과 같이 호소합니다. "내가 만약 부정선거와 싸우다가 쓰러지면 내 시체 위에 꽃을 던지기에 앞서 부정선거를 획책한 원흉들을 때려 부순 뒤 내 시체에 꽃다발을 놓아 달라!" 늦은 밤 유달국민학교에서 개표를 시작했습니다. 1만5000 목포시민들은 개표 부정을 막기 위해 유달국민학교를 에워쌉니다. 그날 밤 빗속에서 진행된 개표는 세 차례 정전사태와 목포시민들의 함성이 교차하면서 김대중 2만9379표 그리고 김병삼 2만2738표로 마감합니다.* 목포 사람들은 이 선거를 '목포의 전쟁'이라고 합니다. 목포시민이 승리했습

● 김택근. 2012.《새벽, 김대중 평전》사계절. 54쪽에서 54쪽~68쪽.

목포 유달산 기슭 다순구미 골목길 선거 벽보.

니다.* 김대중은 정치인으로 거듭납니다. 시민승리를 바탕으로 승리하는 정치인이 된 겁니다.

1992년 12월 18일 김영삼은 42.0%를 득표하고 대통령이 됩니다. 33.8%를 득표한 김대중은 정계 은퇴를 선언하고 김영삼 정부가 출범하기 직전 1993년 1월 26일 영국 케임브리지대학으로 떠납니다. 2년 7개월이 지난 1995년 7월 18일 김대중은 정계 복귀를 천명합니다. 9월 5일 새정치국민회의를 창당하고 총재가 됩니다. 자민련 김종필 총재와 연합합니다. 신한국당 이회창 총재는 민주당 조순과 합당하고 한나라당을 창당합니다. 김영삼 대통령은 김대중 정치비자금 수사를 대선 이후로

● 김택근. 2012.《새벽, 김대중 평전》사계설. 54쪽~60쪽.

유보하도록 지시하고, 이회창 총재가 요청한 이인제 탈당 저지 요구를 거부한 채, 대선 후보와의 회동에서 제일 먼저 김대중 후보를 만납니다. 선거를 공정하게 치릅니다.●

1997년 12월 18일 오후 6시 투표를 끝내고 개표를 시작합니다. 김대중 1032만6275표, 이회창 993만5718표, 이인제 492만5591표. 전라도 조그만 섬에서 서자로 태어나 고등학교밖에 공부하지 못한 70대 야당 후보가 대통령이 되었습니다. 1998년 2월 25일 오전 9시 공무원 출근시간에 맞춰 청와대로 출근하여 총리와 감사원장에 대한 임명동의안을 재가한 후 오전 10시 제15대 대통령에 취임합니다.

2000년 10월 13일 스웨덴에서 기쁜 소식이 날아듭니다. 김대중 대통령 노벨평화상 수상! 2000년은 노벨평화상을 제정한 지 100년 되는 해였기에 어느 해보다 경합이 치열했습니다. 35개 단체와 115명의 후보 중에는 빌 클린턴 미국 대통령도 있었습니다. 노벨평화상 후보자를 선정할 때마다 자격 시비가 종종 있었습니다. 김대중 대통령에 대해서는 단 한 건의 반대 의견도 없었습니다. 12월 10일 온통 노란 꽃으로 장식한 오슬로 시청 노벨평화상 시상식장은 금방이라도 북한에 햇볕을 비출 것만 같습니다. 노벨평화상 수상을 기념하는 마지막 행사로 열린 그날 밤 축하음악회에서 성악가 조수미 씨는 〈그리운 금강산〉을 부릅니다. 김대중 대통령은 한없이 울었습니다.●●

2009년 8월 18일 대통령은 우리 곁을 떠납니다. 떠나기 바로 전 대통

● 이동형. 2011. 《영원한 라이벌 김대중 vs 김영삼》 왕의서재. 499쪽~537쪽.
●● 김택근. 2012. 《새벽: 김대중 평전》 사계절. 344쪽~348쪽.

령은 평생토록 민주화운동을 함께 했던 동지들에게 민주당 분열을 경계하고 민주정신 수호를 당부합니다. 대통령은 민주화를 진척시키고 IMF 경제위기를 극복한 공이 있습니다. 반면에, 경제위기 상황에서 조성된 대기업 재구조화와 기업지배구조 개혁의 호기를 놓친 과도 있습니다.●
김대중은 온 겨레의 자랑스러운 대통령입니다.

김영삼 신민당 총재

거산巨山 김영삼 대통령은 1927년 12월 20일 경남 거제군 장목면 외포리에서 아버지 김홍조와 어머니 박부연 사이에 1남 5녀 중 외아들로 태어납니다. 할아버지는 거제도에서 멸치어장을 개척한 분입니다. 새로운 방식으로 어업에 성공함으로써 거제도에 사는 많은 어민들에게도 적잖은 도움을 주었습니다. 아버지 김홍조는 할아버지의 진취적인 기상을 김영삼에게 고스란히 대물림했습니다.

"낙후된 섬에 살지언정 생각마저 낙후되어서는 안 된다"는 할아버지의 신념대로 1936년 외포초등학교에 입학하기 두 해 전부터 서당에서 한학을 공부합니다. 1942년 외포초등학교를 졸업한 김영삼은 1943년 일단 통영중학교에 진학했다가 1945년 부산 경남중학교 3학년에 편입해서 졸업합니다. 1948년 9월 서울대학교에 입학하여 철학을 공부하던 중 정부수립 기념 웅변대회에서 외무부장관상을 수상합니다. 당시 외무부장관이었던 장택상이 국무총리가 되었을 때 비서로 발탁되어 정계에

● Tat Yan Kong. 2000. The politics of Economic Reform in South Korea — A Fragile Miracle, Routlegde. 247쪽~251쪽.

입문합니다.*

1954년 민의원 선거에서 이승만 정권의 제2인자 이기붕의 출마 권유를 받고 자유당 후보로 거제에서 출마하여 최연소 당선됩니다. 그러나 이승만 대통령 3선 개헌에 반대하고 자유당을 탈당하여 1955년 창당한 민주당에 입당합니다. 1958년 4대 총선에서 민주당 후보로 부산에서 출마하여 당시 내무부장관 이상용과의 대결에서 낙선합니다. 김영삼과 이상용의 득표비율은 7:3이었는데, 막판 투표함에서 김영삼 표는 단 7장뿐 이상용 표가 무더기로 쏟아져 나옵니다. 부정선거입니다. 김영삼은 정치 인생에 첫 번째 정치적 난관에 부딪힙니다. 1960년 4·19혁명으로 제1공화국이 붕괴하고 과도정부하에서 치러진 제5대 국회의원 선거에서 당선됩니다.**

1961년 박정희 장군이 5·16쿠데타를 일으키자 야당인 민정당 대변인을 하면서 박정희 정권과 본격적인 대립각을 세웁니다. 1965년 야당인 민중당 최연소 원내총무로 선출됩니다. 신민당 원내총무를 맡았던 1969년에는 박정희 대통령의 3선 개헌에 반대하고 중앙정보부로부터 초산테러를 당합니다. 자동차 페인트가 다 벗겨질 정도로 강력한 초산이었다고 하는데, 다행히 자동차 문을 잠가 놔서 위기를 모면합니다. 1969년 신민당 대통령 후보 지명전에 출마하여 '40대 기수론'으로 돌풍을 일으켰으나 김대중 후보에 역전패합니다.

1972년 10월 17일 박정희 대통령은 전국에 비상계엄을 선포하고 김

● 김병문. 2012.《그들이 한국의 대통령이다》북코리아. 325쪽~329쪽.
●● 이동형. 2011.《영원한 라이벌 김대중 vs 김영삼》왕의서재. 25쪽~28쪽.

기춘이 만든 유신헌법을 통과시켜 종신 대통령이 되기 위한 절차를 밟습니다. 국회 해산, 정당 및 정치 활동 금지, 대학 휴교, 헌법 정지, 야당 국회의원 13명 고문 등 예비적인 조치를 취한 박정희 대통령은 점점 더 빠른 속도로 독재자가 됩니다. 하버드대학교 동아시아연구소 초청으로 미국에 있던 김영삼은 참모들의 귀국 만류를 뿌리치고 귀국합니다. 정면 돌파하면서 승부사다운 면모를 보입니다. 우리나라에 도착하자마자 가택연금됩니다.

 1975년 4월 17일 크메르루즈가 우파정권을 무너뜨리고 공산정권을 세웁니다. 4월 30일 월남이 월맹에게 항복합니다. 아시아 민주주의 국가가 차례로 무너질 것이라는 불안과 공포에 휩싸입니다. 김일성은 북경으로 달려가서 한반도 적화를 지원해 달라고 요청합니다. 긴급조치 9호까지 발표한 박정희 정권은 정치휴전을 제안합니다. 신민당 당수였던 김영삼은 여야영수회담을 제안합니다. 5월 11일 배석자 없이 박정희 대통령과 영수회담을 합니다. 새 한 마리가 창밖 나무에 내려앉자 박정희 대통령은 김영삼 총재에게 말을 건넵니다. "내 신세도 저 새 같습니다." 손수건을 꺼내 눈물을 닦습니다. "대통령 직선제합시다. 유신헌법 빨리 철폐하고 멋진 민주주의 합시다." 김영삼 총재는 박정희 대통령을 설득합니다. "민주주의 하겠습니다. 조금만 시간을 주십시오." 박정희 대통령이 말했습니다. 그리고 비밀로 하자고 요청합니다.● 박정희 대통령 말을 믿고 박정희에게 동조하는 사쿠라라는 비난까지 감수하면서 비공개 합

● 오인환. 2021. 《김영삼 재평가》 소갑세팃김. 90쪽·108쪽

의를 지킵니다.

김영삼은 바르게 살았습니다. 일도 곧게 잘했습니다. 문제에 맞닥뜨리면 정면으로 돌파했습니다. 훌륭한 사람입니다. 그러나 아직 정치인은 아니지요! 정치는 시민과 여당 그리고 야당이 같이 하는 것이기 때문입니다.

약속과 달리 박정희 대통령이 더 강압적이고 권위적인 정치를 합니다. 박정희가 흘린 눈물에 속았습니다. 김영삼은 더욱 강력한 반독재 민주화투쟁을 벌입니다. 1979년 5월 30일 신민당 전당대회가 열립니다. 중앙정보부가 이철승을 당수로 선출하도록 각본을 짜 놓은 공작정치 현장입니다. 김영삼은 김대중을 찾아가 도와달라고 요청합니다. 김영삼은 김대중의 가택연금 해제를 일관되게 주장한 유일한 사람입니다. 김대중은 가택연금에서 몰래 빠져나와 열띤 지지연설을 합니다. 윤보선 대통령도 오랜 침묵을 깨고 지지연설을 합니다. 재야지도자 함석헌도 격려사를 합니다. 공작정치를 돌파하고 다시 한번 신민당 당수가 됩니다.●● 김영삼 신민당 당수는 뉴욕타임스와의 기자회견에서 미국은 더 이상 박정희 정권을 지지하지 말라고 요청합니다.

김영삼은 드디어 정치인이 되었습니다. 정치 라이벌과 재야, 심지어 외신에게도 도움을 요청합니다. 올바르게 살고 돌파해 나가는 훌륭한 사람에서 유력한 야당정치인으로 거듭난 것입니다.

1979년 8월 YH무역 여공들이 신민당사에서 농성을 합니다. 김영삼 총재는 관계 부처에 협조를 요청했으나 아무도 움직이지 않았습니다. 차지

●● 오인환. 2021. 《김영삼 재평가》 조갑제닷컴. 117쪽~125쪽.

철 경호실장이 배후에서 강경 대응을 지휘하고 있었습니다. 김재규 중앙정보부장이 경찰을 투입합니다. 김영삼 총재는 당사에서 쫓겨나 자택에 강제 연행됩니다. 경찰이 강제진압하는 과정에서 신민당 당직자들과 기자들이 중경상을 입습니다. 여공 김경숙 씨는 목숨을 잃습니다. 9월 서울민사지방법원 조언 부장판사는 신민당 총재단 직무정지 가처분 신청을 인용합니다. 김영삼 총재는 제명됩니다. 박정희 대통령의 공작정치입니다. 10월 4일 공화당과 유정회 국회의원들이 김영삼 총재를 국회의원에서 제명합니다. 현역 국회의원 제명은 의정사상 처음입니다. 김영삼 신민당 총재는 "닭의 모가지를 아무리 비틀어도 민주주의의 새벽은 온다"라는 말을 남기고 국회의사당을 떠납니다. 신민당 국회의원들은 전원 사퇴서를 제출합니다. 10월 16일 유신체제 타도와 정치탄압 중단을 외치면서 부산시민들이 일어납니다. 18일에는 마산과 창원으로 확산됩니다. 부마민주항쟁입니다. 10월 26일 박정희 대통령이 사망합니다.

    1990년 1월 22일 김영삼은 민정당 노태우 총재, 공화당 김종필 총재와 함께 민정당·민주당·공화당을 통합하여 민주자유당으로 합당합니다. 1992년 12월 18일 김영삼 후보●는 "신한국 창조"를 외치며 "이번에는 바꿔 달라"고 호소한 김대중 후보●●와 "경제대통령"을 내세운 정주영 후보●●●를 누르고 제14대 대통령에 당선됩니다.●

● 997만7332표를 얻어서 42%를 차지하고 당선.
●● 33.8%를 차지한 804만1284표로 2위.
●●● 388만67표를 득표하여 16.3% 차지.
● 중앙선거관리위원회. 2009. 《대한민국신기시 제5집》 477쪽~527쪽.

김영삼 대통령은 취임과 동시에 참모총장·1군사령관·2군사령관·수도경비사령관 등을 한꺼번에 자릅니다. 청와대 앞길을 개방하고, 9개나 되는 안가를 모두 철거합니다. 5·18특별법을 제정하여 전두환·노태우 두 전직 내통령을 심판합니다. 군부독재 정권과 분명하게 선을 긋고 시작한 겁니다. 대통령 긴급처분명령권을 발동하여 금융실명제를 실시하고, 국민들이 시장·도지사·구청장·시의원·도의원·구의원·군의원 등을 직접 선출하는 지방자치제도 전면 실시합니다. 정치자금법을 개정하여 정치자금을 양성화함과 동시에 야당에게도 정치자금이 돌아가도록 합니다. 김대중 비자금 수사를 중단시키고, 대통령 선거를 공정하게 치르도록 합니다.**

그러나 1997년 1월 23일 한보를 시작으로 삼미·진로·해태·쌍용중공업·통일중공업 등 대기업이 부도를 냅니다. 태국 바트화와 인도네시아 루피아화가 폭락합니다. 대만은 외환 방어를 포기하고, 홍콩 증시는 폭락합니다. 동남아시아 전체가 금융위기에 빠집니다. 김영삼 정부도 국민들에게 세계통화기금IMF에 손을 벌릴 수밖에 없다는 사실을 알리고 국가부도 사태를 맞습니다.***

김영삼 대통령은 민주화와 개혁의 공이 있고 동시에 국가부도라는 과가 있습니다. 에둘러서 말하기보다는 분명하게 말하고 정면으로 돌파하여 승부를 낸 김영삼은 자랑스러운 대한민국 대통령입니다.

●● 김영삼. 2001. "김영삼 대통령 고려대 강의". 함성득 엮음. 《김영삼 정부의 성공과 실패》 나남. 31쪽~59쪽.
●●● 이동형. 2011. 《영원한 라이벌 김대중 VS 김영삼》 왕의서재. 484쪽~498쪽.

대통령 업적평가

　유권자들에게 직접 물어보기 위해 대통령 자서전 또는 평전을 쓴 분들을 강연자로 초청해서 강연쇼 개항도시 인문학 시즌7 '대통령을 말하다'를 개최했어요. 매번 강연 때마다 대통령 설문조사를 했습니다.* 결과를 보니까 상당히 객관적으로 평가하고 있다는 생각을 했어요. 갤럽에서도 대통령 직무수행 평가**를 하고 있어서 좋은 비교를 할 수 있었어요. 각론으로 들어가기 전에 먼저 도표를 하나 살펴보겠습니다.

　대통령이 재임 기간 중에 잘했냐 또는 못했냐를 물어본 결괍니다. 개항도시 인문학 시즌7 참가자를 대상으로 조사한 결과를 보면, 김대중 대통령이 95.6점으로 1위, 노무현 대통령은 91점으로 2위, 김영삼 대통령은 82.2점으로 3위, 박정희 대통령은 81.6점으로 4위를 기록했어요. 한국갤럽에서 2023년 11월에 조사한 결과를 보면, 노무현 대통령이 잘했다 70점으로 1위, 김대중 대통령이 68점으로 2위, 박정희 대통령 61점으로 3위, 김영삼 대통령이 40점으로 4위에 올랐어요. 보수대통령과 진보대통령 사이에서 순위는 엇갈리지만 전반적으로 비슷한 결과입니다. 좋아하는 대통령 조사와 달리 김영삼 대통령이 높은 점수를 받았고요. 이것 역시 한국갤럽 조사와 한국레저경영연구소 조사가 비슷한 결과를 보였습니다.

　종합적으로 살펴봤는데요. 이번에는 정치·경제·문화 등 부문별로 결과를 살펴보겠습니다. 경제부문에서는 박정희 대통령이 가장 잘했다고

● 한국레저경영연구소. 2025. "개항도시 인문학 시즌7 대통령을 말하다 설문조사"
●● 한국갤럽조사연구소. 2023. "역대 내통령 직무수행 평가"

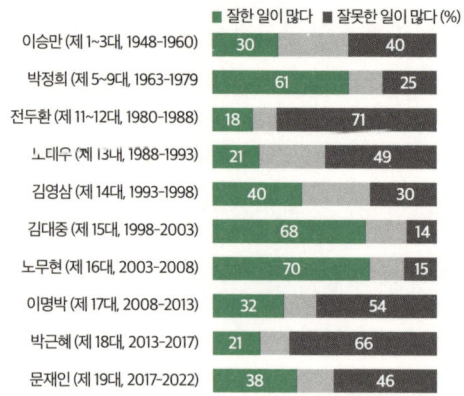
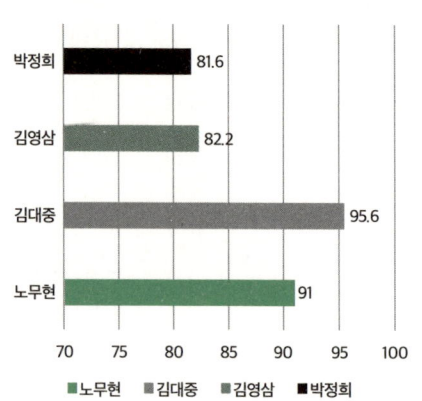

대통령 종합평가.
(출처: 한국레저경영연구소. 2025. "개항도시 인문학 시즌7 대통령을 말하다 설문조사" 한국갤럽조사연구소. 2023. "역대 대통령 직무수행 평가")

평했습니다. 가난에서 구해 낸 공적을 높이 산 거지요. 88.4점으로 1위입니다. 김영삼 대통령은 51.6점으로 점수가 가장 낮습니다. IMF 경제위기에 대한 책임을 물은 거지요.

김영삼 대통령은 정치부문에서 2위에 올랐어요. 적어도 정치에 대해서는 양김 대통령이 전문가라고 생각하는 것 같아요. 김대중 대통령은 정치부문에서 94.8점으로 가장 높은 점수를 받았고, 박정희 대통령은 가장 낮은 점수를 받았습니다. 경제부문 업적으로 아무리 인정하더라도 군부독재를 용인할 수는 없다는 뜻이겠지요.

김대중 대통령은 문화부문에서도 92.2점으로 가장 잘했다는 평가를

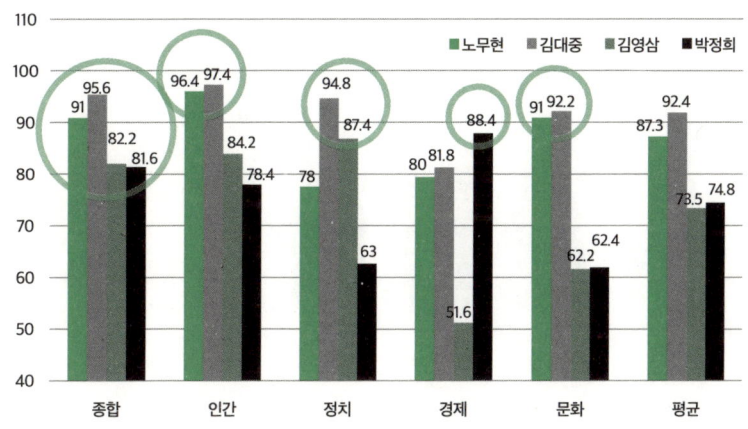

대통령 부문 평가.

받았어요. 정치·경제·문화 등을 모두 합해서 평균을 낸 전체 부문 평균으로도 1위고요.

한국갤럽 조사에서는 종합 평가와 부문 평가가 서로 다르게 나왔어요. 좋아하는 대통령 순위는 노무현·박정희·김대중·김영삼인데, 직무수행 평가에서는 노무현·김대중·박정희·김영삼 순으로 나왔거든요. 한국레저경영연구소 설문조사에서는 똑같이 김대중·노무현·김영삼·박정희 순으로 나왔습니다.

업적에 대한 구체적인 평가를 보겠습니다. 개항도시 인문학 시즌7 '대통령을 말하다' 강연 참가자들은 남북정상회담(91.4점), 햇볕정책(90.4점), 국민기초생활보장(87.8점), 경로연금(86점) 등 순으로 높이 평가했어요. 남북 긴장을 완화한 것과 복지정책을 추진한 것을 높이 산 거지요. 반면에 정리해고제 도입(49.6점)과 공기업민영화(51.4점) 등 신자유주의 경제

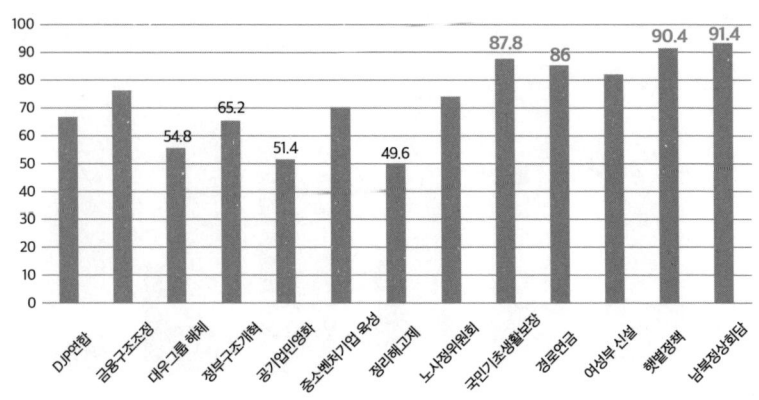

김대중 대통령 업적평가.

정책을 잘못 한 일이라고 봤어요. 대우그룹 해체와 정부구조 개혁도 높이 평가하지 않았어요.

개항도시 인문학 강연에 참가한 사람들은 장기요양보험(94점), 국정원장 독대 보고 폐지(83.6점), 한미FTA(83점), 전시작전통제권 환수(82.4점) 등과 같은 순으로 노무현 대통령이 잘했다고 평했어요. 복지·민주·경제·군사 등 다양한 분야에서 높은 평가를 받았어요. 잘못했다고 평한 탄핵(32.2점) 역시 노무현 대통령이 탄핵을 한 것이 아니고 당시 야당이 대통령을 탄핵하려고 한 것이기 때문에 노무현 대통령은 오히려 잘 이겨냈다는 긍정 평가를 받은 것이고요. 그렇지만 자살(19.4점)만은 하지 말았어야 한다고 보는 것이지요. 탄핵 때처럼 잘 이겨냈더라면 하고 아쉬워하고 있네요.

김영삼 대통령은 금융실명제 실시(85.2점), 군내 사조직 하나회 척결과 군개혁(80점), 민주화(79점), 인권(77.8점) 등 분야에서 높은 평가를 받

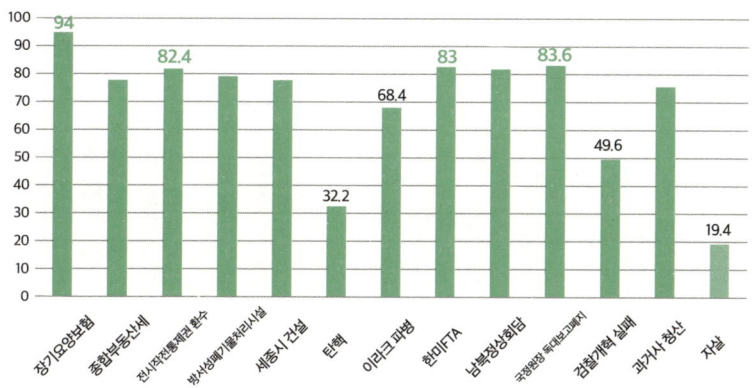

노무현 대통령 업적평가.

았습니다. 금융실명제 실시는 우리 사회에 만연했던 부정부패를 일거에 척결한 쾌거라고 해도 지나치지 않을 겁니다. 또한 윤석열이 계엄을 선포하면서 친위쿠데타를 시도했기 때문에 군개혁에 대해서 향후 더 높은 평을 받을 것이고요. 민주화 추진과 인권 신장 역시 신군부와 구군부가 만들어낸 잘못된 과거를 청산하고 새 시대를 열었다는 측면에서 더 높은 평가를 받기에 충분하고요. 그렇지만 IMF 경제위기 초래는 어떠한 변명으로도 용서받을 수 없다는 단호한 평가를 내렸습니다. 김영삼 대통령이 잘한 것과 잘못한 것 전체 13가지 업적평가 분야 중에서 39점으로 가장 낮아요.

박정희 대통령은 경제개발(86.2점), 새마을운동(80.3점), 간호사와 광부 파독(70.8점), 핵개발(66.2점) 등 분야에서 높은 점수를 받았습니다. 매년 보릿고개에 시달리던 국민을 가난에서 구해낸 영웅이라는 평가와 마찬가지 결과라고 할 수 있겠어요. 대단히 높게 평가했습니다. 핵개발

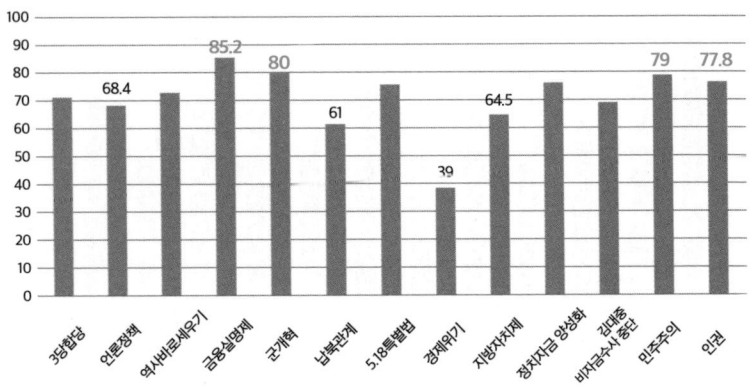

김영삼 대통령 업적평가.

역시 북핵문제 때문에 해외언론에서 더 주목하는 것 같고요. 그러나 뻔히 알고 있었으면서 포항석유개발 타령하고(43.8점), 언론을 탄압하고(47.6점), 인권을 짓밟고(50점), 10월 유신을 통해 영구집권을 획책한 것(51.6점)에 대해서 단호한 평가를 내리고 있어요.

한국 사람이 원하는 대통령

우리나라 유권자들은 어떤 대통령을 원하고 있을까요? 먼저 대통령에 대한 평가를 기준으로 살펴보겠습니다. 대통령은 국민통합의 구심점입니다. 국론을 하나로 모아야만 구심점 역할을 제대로 할 수 있지요. 그렇다손 치더라도 거짓말을 해서는 안 된다고 생각하는 사람이 많습니다. 더 높은 도덕성을 요구하고 있는 것이지요. 박정희 대통령의 의도와 노력은 잘 알겠지만, 포항 석유 개발 같은 거짓은 용납하지 않잖아요.

10월 유신 같은 친위쿠데타도 이제 안 통합니다. 윤석열은 계엄을 선

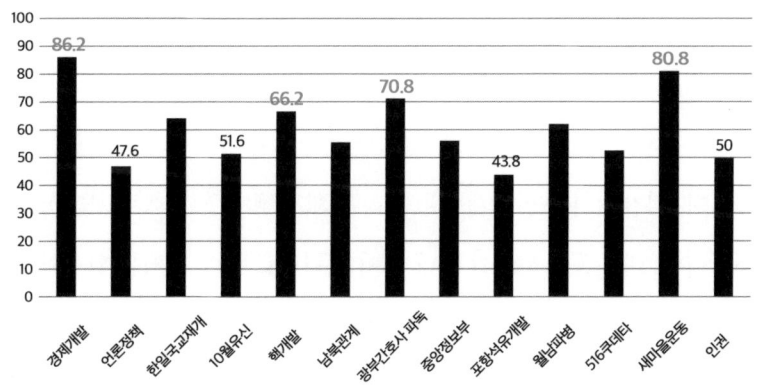

박정희 대통령 업적평가.

포했습니다. 계엄군은 어땠습니까? 시늉만 냈잖아요. 국회의원들을 다 끄집어내지도 않았고, 유시민 작가를 비롯한 사람들을 벙커에 처넣지도 않았어요. 더 잘하기 위해서 더 빨리 성과를 내기 위해서라고 하더라도 안 됩니다.

아무리 잘했더라도 경제를 성장궤도에 올려놓지 못하면 제대로 된 평가를 받을 수 없다는 것도 분명합니다. 김영삼 대통령은 금융실명제를 전격적으로 실시했습니다. 덕분에 우리 사회가 투명해졌어요. 군내 사조직 하나회를 척결하고 군인이 나라를 지키는 일에 충실하도록 했고요. 윤석열의 친위쿠데타에 동원된 군인들이 제대로 힘을 쓰지 않았잖아요. 김영삼 대통령의 군개혁 덕을 보고 있는 겁니다.

그런데도 김영삼 대통령에 대한 평가는 낮습니다. 김영삼 대통령은 경제를 직접 챙겼어야 합니다. 경제부총리에게 모든 것을 맡겨 놓고 손 놓고 있으면 안 된다는 뜻입니다. 박정희 대통령의 과가 많지만 경제 분야에 관한 한 여전히 압도적인 지지를 보내고 있는 이유도 곰곰이 생각해 봐야지요.

노무현 대통령이 검찰개혁에 실패한 것을 비판적으로 보는 사람이 많습니다. 검찰개혁과 언론개혁을 우리 사회가 당면한 과제로 보고 있는 듯합니다. 대통령이 되고자 한다면 어떤 형태로든 이 과제를 완수할 로드맵을 제시해야 할지도 모르겠습니다.

김대중 정부의 복지정책을 높이 사고 신자유주의 경제정책을 낮게 평가한 뜻을 되새길 필요가 있습니다. 정부 구조 개혁이나 대우그룹 해체에 낮은 점수를 준 것에서 알 수 있듯이 개혁적이라고 무조건 지지하지도 않습니다. 적절한 선에서 정책을 구현하라는 국민적 명령이라고 읽으면 좋을 것 같습니다. 좋은 정책이라도 밀어붙이지 말아야 한다는 말이죠. 나쁜 관행도 단번에 뿌리 뽑지 말라는 뜻이고요. 권력을 위임한 국민의 뜻이 그렇습니다.

김영삼·김대중 양김 대통령의 정치적 역량을 높게 평가하는 사람이 많습니다. 반면에 노무현 대통령의 죽음에 가장 낮은 점수를 줬습니다. 많은 사람이 권력을 남용하지 말라고 말하는 이면에는 정치보복을 하지 말라는 뜻이 있습니다. 정치를 복원하라고 요청하고 있어요. 대통령이 되고자 하는 사람은 깊이 새겨야 합니다.

클로징 — 최석호 소장

4월 1일부터 5월 27일까지 한 번도 빠지지 않고 자리를 지켜주신 열두 분에게 조그만 선물을 준비했습니다. 올가을 개항도시 인문학 시즌8 주제는 '신사회운동을 말하다'로 좁혀지고 있습니다. 내년 봄에는 조국 대표나 한동훈 의원의 강연을 들을 수 있으면 좋겠습니다. 평안한 저녁 되시기를 빕니다. 감사합니다.

대통령을 말하다

초판 1쇄 발행 2025년 7월 25일

지은이 유시민 조갑제 유시춘 오인환 최석호
펴낸이 이세연
편 집 김화영
디자인 북디자인 경놈
제 작 npaper
펴낸곳 도서출판 혜윰터
주 소 경기도 부천시 소사구 소사로 257, 6층 C08호
이메일 hyeumteo@gmail.com
인스타그램 @hyeumteo

글 ⓒ 유시민, 조갑제, 유시춘, 오인환, 최석호 2025
사진 ⓒ 권진만, 안은정, 이효경

ISBN 979-11-989942-3-3 (03340)

* 이 책은 저작권법에 따라 보호받는 저작물이므로 무단 전재와 복제를 금지합니다.
* 이 책 내용의 전부 또는 일부를 이용하려면 반드시 사전에 저작권자와 도서출판 혜윰터의
  서면 동의를 받아야 합니다.
* 값은 뒤표지에 있습니다.
* 잘못 만들어진 책은 구입하신 서점에서 바꿔드립니다.